ॐ

नक्षत्र वन पूजा

Nakshatra Van Pooja

SADHVI HEMSWAROOPA

जय गुरुदेव

ISBN13: 978-93-48012-75-3 Paperback Edition
ISBN13: 978-93-48012-55-5 Hardbound Edition
ISBN13: 978-93-48012-46-3 Digital Edition
Hindi Edition (हिंदी संस्करण)

Title: **Nakshatra Van Pooja** (नक्षत्र वन पूजा)

Author: **Sadhvi Hemswaroopa** (साध्वी हेमस्वरूपा)

Anant Jyot Seva Sansthan
Vadodara 390010, Gujarat, India

Printed and Published by
Devotees of Sri Sri Ravi Shankar Ashram

https://advaita56.weebly.com/ The Art of Living Centre
https://www.artofliving.org/

Devotees Library Cataloging-in-Publication Data
Hemswaroopa, Sadhvi.
Language: Hindi. Thema: PSAF WNJ VXFA 2BMH
BISAC: SCI020000 SCIENCE / Life Sciences / Ecology
Keywords: 1) Nakshatra Van. 2) Vedic Sacred Grove. 3) Birth Star Trees. 4) Astral Garden.
Typeset in 14 Sanskrit 2020

6/4/2025 Ram Navmi, Sarvartha Siddhi Yoga, Punarvasu upari Pushya Nakshatra, Navmi Tithi, Shukla Paksha, Chaitra Masa, Vasant Ritu, Uttarayana

Gujarati Samvat 2081 Nala
Vikram Samvat 2082 Kalayukta, Saka Samvat 1947 Vishwavasu

1st Edition April 2025

जय गुरुदेव

विषय अनुक्रमणिका

मङ्गलाचरणम्

ॐ भद्रं कर्णेभिश् शृणुयाम देवाः । भद्रं पश्ये माक्षभिर् यजत्राः । स्थिरैरङ्गैस् तुष्टुवाꣳ सस्तनूभिः । व्यशेम देवहितयँ यदायुः । स्वस्ति न इन्द्रो वृद्धश्रवाः । स्वस्ति नः पूषा विश्ववेदाः । स्वस्ति नस्ताक्ष्र्यो अरिष्टनेमिः । स्वस्ति नो बृहस्पतिर्दधातु ॥ ॐ शान्तिः शान्तिः शान्तिः ॥

ॐ वाङ् मे मनसि प्रतिष्ठिता । मनो मे वाचि प्रतिष्ठितम् । आविराविर्म एधि । वेदस्य म आणीस्थः । श्रुतं मे मा प्रहासीः अनेनाधीतेनाहोरात्रान् सन्दधामि । ऋतं वदिष्यामि । सत्यं वदिष्यामि । तन्मामवतु । तद्वक्तारम् अवतु । अवतु माम् । अवतु वक्तारामवतु वक्तारम् ॥ ॐ शान्तिः शान्तिः शान्तिः ॥

अहो एशां वरं जन्म सर्व प्राण्युपजीवनम् ।
सुजनस्येव येषां वै विमुखा यान्ति नार्थिनः ॥

दश-शान्ति मन्त्राः

ॐ भद्रं कर्णेभिश् शृणुयाम देवाः । भद्रं पश्ये माक्षभिर् यजत्राः । स्थिरैरङ्गैस् तुष्टुवाꣳ सस्तनूभिः । व्यशेम देवहितयँ यदायुः । स्वस्ति न इन्द्रो वृद्धश्रवाः । स्वस्ति नः॑ पूषा विश्ववेदाः । स्वस्ति नस्ताक्ष्र्यो अरिष्टनेमिः । स्वस्ति नो बृहस्पतिर्दधातु ॥ ॐ शान्तिः शान्तिः शान्तिः ॥ १ ॥

ॐ नमो ब्रह्मणे नमो अस्त्वग्नये नमः॑ पृथिव्यै नम ओषधीभ्यः । नमो वाचे नमो वाचस्पतये नमो विष्णवे बृहते करोमि ॥ ॐ शान्तिः शान्तिः शान्तिः ॥ २ ॥

ॐ तच्छं योरावृणीमहे । गातुं यज्ञाय । गातुं यज्ञपतये । दैवी स्वस्तिरस्तु नः । स्वस्तिर्मानुषेभ्यः । ऊर्ध्वं जिगातु भेषजम् । शं नो अस्तु द्विपदे । शं चतुष्पदे । ॐ शान्तिः शान्तिः शान्तिः ॥ ३ ॥

ॐ सह नाववतु । सह नौ भुनक्तु । सह वीर्यं करवावहै । तेजस्विनाव-धीतमस्तु मा विद्विषावहै ॥ ॐ शान्तिः शान्तिः शान्तिः ॥ ४ ॥

ॐ शं नो मित्रः शं वरुणः । शं नो भवत्वर्यमा । शं न इन्द्रो बृहस्पतिः । शं नो विष्णुरुरुक्रमः । नमो ब्रह्मणे । नमस्ते वायो । त्वमेव प्रत्यक्षं ब्रह्मासि । त्वामेव प्रत्यक्षं ब्रह्म वदिष्यामि । ऋतं वदिष्यामि । सत्यं वदिष्यामि । तन्मामवतु । तद्वक्तारमवतु । अवतु माम् । अवतु वक्तारम् ॥ ॐ शान्तिः शान्तिः शान्तिः ॥ ५ ॥

ॐ वाङ् मे मनसि प्रतिष्ठिता । मनो मे वाचि प्रतिष्ठितम् । आविरावीर्म एधि । वेदस्य म आणीस्थः । श्रुतं मे मा प्रहासीः अनेनाधीतेनाहोरात्रान् सन्दधामि । ऋतं वदिष्यामि । सत्यं वदिष्यामि । तन्मामवतु । तद्वक्तारम् अवतु । अवतु माम् । अवतु वक्तारामवतु वक्तारम् ॥ ॐ शान्तिः शान्तिः शान्तिः ॥ ६ ॥

ॐ यश्छन्दसामृषभो विश्वरूपः ॥ छन्दोभ्योऽध्यमृतात्सम्बभूव । स मेन्द्रो मेधया स्पृणोतु । अमृतस्य देवधारणो भूयासम् । शरीरं मे विचर्षणम् । जिह्वा मे मधुमत्तमा । कर्णाभ्यां भूरिविश्रुवम् । ब्रह्मणः कोशोऽसि मेधया पिहितः । श्रुतं मे गोपाय ॥ ॐ शान्तिः शान्तिः शान्तिः ॥ ७ ॥

ॐ मधु वाता ऋतायते मधु क्षरन्ति सिन्धवः । माध्वीर्नस् सन्त्वोषधीः ॥ मधु नक्तमुतोषसि मधुमत्पार्थिवꣳ रजः । मधु द्यौरस्तु नः पिता ॥ मधुमान्नो वनस्पतिर्मधुमाꣳ अस्तु सूर्यः । माध्वीर्गावो भवन्तु नः ॥ ॐ शान्तिः शान्तिः शान्तिः ॥ ८ ॥

सर्वे भवन्तु सुखिनः । सर्वे सन्तु निरामयाः । सर्वे भद्राणि पश्यन्तु । मा कश्चिद् दुःखभाग् भवेत् ॥ ॐ शान्तिः शान्तिः शान्तिः ॥ ९ ॥

ॐ पूर्णमदः पूर्णमिदं पूर्णात् पूर्णमुदच्यते । पूर्णस्य पूर्णमादाय पूर्णमेवावशिष्यते ॥ ॐ शान्तिः शान्तिः शान्तिः ॥ १०॥

श्री गुरु स्तोत्रम्

गुरुर्ब्रह्मा गुरुर्विष्णुर्गुरुर्देवो महेश्वरः ।
गुरुरेव परं ब्रह्म तस्मै श्रीगुरवे नमः ॥१॥
अखण्डमण्डलाकारं व्याप्तं येन चराचरम् ।
तत्पदं दर्शितं येन तस्मै श्रीगुरवे नमः ॥२
अज्ञानतिमिरान्धस्य ज्ञानाञ्जनशालाकया ।
चक्षुरुन्मीलितं येन तस्मै श्रीगुरवे नमः ॥३॥
स्थावरं जङ्गमं व्याप्तं यत्किञ्चित् सचराचरम् ।
तत्पदं दर्शितं येन तस्मै श्रीगुरवे नमः ॥४॥
चिन्मयं व्यापि यत्सर्वं त्रैलोक्यं सचराचरम् ।
तत्पदं दर्शितं येन तस्मै श्रीगुरवे नमः ॥५॥
सर्वश्रुतिशिरोरत्नविराजितपदाम्बुजः ।
वेदान्ताम्बूजसूर्यो यः तस्मै श्रीगुरवे नमः ॥६॥
चैतन्यः शाश्वतः शान्तः व्योमातीतो निरञ्जनः ।
बिन्दुनादकलातीतः तस्मै श्रीगुरवे नमः ॥७
ज्ञानशक्तिसमारूढः तत्त्वमालाविभूषितः ।
भुक्तिमुक्तिप्रदाता च तस्मै श्रीगुरवे नमः ॥८॥
अनेकजन्मसम्प्राप्तकर्मबन्धनविदाहिने ।
आत्मज्ञानप्रदानेन तस्मै श्रीगुरवे नमः ॥९॥
शोषणं भवसिन्धोश्च ज्ञापणं सारसम्पदः ।
गुरोः पादोदकं सम्यक् तस्मै श्रीगुरवे नमः ॥१०॥
न गुरोरधिकं तत्त्वं न गुरोरधिकं तपः ।
तत्त्वज्ञानात् परं नास्ति तस्मै श्रीगुरवे नमः ॥११॥
मन्नाथः श्रीजगन्नाथो मद्गुरुः श्रीजगद्गुरुः ।

मदात्मा सर्वभूतात्मा तस्मै श्रीगुरवे नमः ॥१२॥
गुरुरादिरनादिश्च गुरुः परमदैवतम् ।
गुरोः परतरं नास्ति तस्मै श्रीगुरवे नमः ॥१३॥
ब्रह्मानन्दं परमसुखदं केवलं ज्ञानमूर्तिं
द्वन्द्वातीतं गगनसदृशं तत्त्वमस्यादिलक्ष्यम् ।
एकं नित्यं विमलमचलं सर्वधीसाक्षीभूतं
भावातीतं त्रिगुणरहितं सद्गुरुं तं नमामि ॥१४॥

सङ्कटनाशन गणेश स्तोत्रम्

नारद उवाच ।

प्रणम्य शिरसा देवं गौरीपुत्रं विनायकम् ।
भक्तावासं स्मरेन्नित्यमायुः कामार्थसिद्धये ॥१॥
प्रथमं वक्रतुण्डं च एकदन्तं द्वितीयकम् ।
तृतीयं कृष्णपिङ्गाक्षं गजवक्त्रं चतुर्थकम् ॥२॥
लम्बोदरं पञ्चमं च षष्ठं विकटमेव च ।
सप्तमं विघ्नराजं च धूम्रवर्णं तथाष्टमम् ॥३॥
नवमं भालचन्द्रं च दशमं तु विनायकम् ।
एकादशं गणपतिं द्वादशं तु गजाननम् ॥४॥
द्वादशैतानि नामानि त्रिसन्ध्यं यः पठेन्नरः ।
न च विघ्नभयं तस्य सर्वसिद्धिकरं प्रभो ॥५॥
विद्यार्थी लभते विद्यां धनार्थी लभते धनम् ।
पुत्रार्थी लभते पुत्रान् मोक्षार्थी लभते गतिम् ॥६॥

जपेद् गणपतिस्तोत्रं षड्भिर्मासैः फलं लभेत् ।
संवत्सरेण सिद्धिं च लभते नात्र संशयः ॥७॥
अष्टभ्यो ब्राह्मणेभ्यश्च लिखित्वा यः समर्पयेत् ।
तस्य विद्या भवेत्सर्वा गणेशस्य प्रसादतः ॥ ८॥

॥ इति श्रीनारदपुराणे सङ्कटनाशनगणेशस्तोत्रं सम्पूर्णम् ॥

गणपति अथर्वशीर्ष

ॐ भद्रं कर्णेभिश् शृणुयाम देवाः । भद्रं पश्ये माक्षभिर् यजत्राः । स्थिरैरङ्गैस् तुष्टुवाꣳ सस्तनूभिः । व्यशेम देवहितयँ यदायुः । स्वस्ति न इन्द्रो वृद्धश्रवाः । स्वस्ति नः पूषा विश्ववेदाः । स्वस्ति नस्ताक्ष्यों अरिष्टनेमिः । स्वस्ति नो बृहस्पतिर्दधातु ॥ ॐ शान्तिः शान्तिः शान्तिः ॥

ॐ नमस्ते गणपतये । त्वमेव प्रत्यक्षं तत्त्वमसि । त्वमेव केवलं कर्ताऽसि । त्वमेव केवलं धर्ताऽसि । त्वमेव केवलं हर्ताऽसि । त्वमेव सर्वं खल्विदं ब्रह्मासि । त्वं साक्षाद् आत्माऽसि नित्यम् ॥ १॥ ऋतं वच्मि । सत्यं वच्मि ॥ २॥ अव त्वं माम् । अव वक्तारम् । अव श्रोतारम् । अव दातारम् । अव धातारम् । अवानूचानमव शिष्यम् । अव पश्चात्तात् । अव पुरस्तात् । अवोत्तरात्तात् । अव दक्षिणात्तात् । अव चोर्ध्वात्तात् । अवाधरात्तात् । सर्वतो मां पाहि पाहि समन्तात् ॥ ३॥ त्वं वाङ्मयस् त्वं चिन्मयः । त्वम् आनन्दमयस् त्वं ब्रह्ममयः । त्वं सच्चिदानन्दाऽद्वितीयोऽसि । त्वं प्रत्यक्षं ब्रह्मासि । त्वं ज्ञानमयो विज्ञानमयोऽसि ॥ ४॥ सर्वं जगदिदं त्वत्तो जायते । सर्वं जगदिदं त्वत्तस् तिष्ठति

। सर्वं जगदिदं त्वयि लयमेष्यति। सर्वं जगदिदं त्वयि प्रत्येति । त्वं भूमिरापोऽनलोऽनिलो नभः । त्वं चत्वारि वाँक्पदानि ॥ ५॥ त्वं गुणत्रयातीतः । त्वम् अवस्थात्रयातीतः । त्वं देहत्रयातीतः । त्वं कालत्रयातीतः । त्वं मूलाधारस्थितोऽसि नित्यम् । त्वं शक्तित्रयात्मकः । त्वाँ योगिनो ध्यायन्ति नित्यम् । त्वं ब्रह्मा त्वं विष्णुस् त्वं रुद्रस् त्वं इन्द्रस् त्वं अग्निस् त्वं वायुस् त्वं सूर्यस् त्वं चंद्रमास् त्वं ब्रह्म भूर्भुवस् सुवरोम् ॥ ६॥ गणादिं पूर्वमुच्चार्य वर्णादीं स्तदनन्तरम् । अनुस्वारः परतरः । अर्धेन्दुलसितम् । तारेण ऋद्धम् । एतत् तव मननुस्वरूपम् । गकारः पूर्वरूपम् । अकारो मध्यमरूपम् । अनुस्वारश्चाँन्त्यरूपम् । बिन्दुरुत्तररूपम् । नादस् सन्धानम् । संहिता सन्धिः । सैषा गणेशविद्या । गणक ऋषिः । निचृद् गायत्रीच्छन्दः । श्री महागणपतिर् देवता । ॐ गं गणपतये नमः ॥ ७॥ एकदन्ताय विद्महे वक्रतुण्डाय धीमहि । तन्नो दन्तिः प्रचोदयात् ॥ ८॥ एकदन्तं चतुर् हस्तं पाशम् अङ्कुशधारिणम् । रदं च वरदं हस्तैर् बिभ्राणं मूषकध्वजम् । रक्तं लम्बोदरं शूर्पकर्णकं रक्तवाससम् । रक्तगन्धानुलिप्ताङ्गं रक्तपुष्पैस् सुपूजितम् । भक्तानुकम्पिनं देवं जगत् कारणम् अच्युतम् । आविर्भूतं च सृष्ट्यादौ प्रकृतेः पुरुषात्परम् । एवं ध्यायति यो नित्यं स योगी योगिनां वरः ॥ ९॥ नमो व्रातपतये । नमो गणपतये । नमः प्रमथपतये । नमस्ते अस्तु लम्बोदरायैकदन्ताय विघ्नविनाशिने शिवसुताय श्रीवरदमूर्तये नमो नमः ॥ १०॥

फलश्रुति

एतद् अथर्वशीर्षं योऽधीते स ब्रह्मभूयाय कल्पते । स सर्वविघ्नैर् न बाध्यते । स सर्वत्र सुखमेधते । स पञ्चमहापापात् प्रमुच्यते । सायम् अधीयानो दिवसकृतं पापं नाशयति । प्रातर् अधीयानो रात्रिकृतं पापं नाशयति । सायं प्रातः प्रयुञ्जानो पापोऽपापो भवति । सर्वत्राधीयानोऽपविघ्नो भवति । धर्मार्थकाममोक्षं च विन्दति । इदम् अथर्वशीर्षम् अशिष्याय न देयम् । यो यदि मोहाद् दास्यति स पापीयान् भवति । सहस्रावर्तनाद् यँ यं काममधीते तं तमनेन साधयेत् ॥ ११॥ अनेन गणपतिम् अभिषिञ्चति स वाग्मी भवति । चतुर्थ्यामन् अश्नन् जपति स विद्यावान् भवति । इत्यथर्वणवाक्यम् । ब्रह्माद्यावरणं विद्यान् न बिभेति कदाचनेति ॥ १२॥ यो दूर्वाङ्कुरैर् यजति स वैश्रवणोपमो भवति । यो लाजैर् यजति स यशोवान् भवति । स मेधावान् भवति । यो मोदकसहस्रेण यजति स वाञ्छितफलम् अवाप्नोति । यस् साज्य समिद्भिर् यजति स सर्वँ लभते स सर्वँ लभते ॥ १३॥ अष्टौ ब्राह्मणान् सम्यग् ग्राहयित्वा सूर्यवर्चस्वी भवति । सूर्यग्रहे महानद्यां प्रतिमासन्निधौ वा जप्त्वा सिद्धमन्त्रो भवति । महाविघ्नात् प्रमुच्यते । महादोषात् प्रमुच्यते । महापापात् प्रमुच्यते । महाप्रत्यवायात् प्रमुच्यते । स सर्वविद् भवति स सर्वविद् भवति । य एवं वेद । इत्युपनिषत् ॥ १४॥

पुरुषसूक्तम्

ॐ सहस्रशीर्षा पुरुषः । सहस्राक्षस् सहस्रपात् । स भूमिं विश्वतो वृत्वा । अत्यतिष्ठद् दशाङ्गुलम् । पुरुष एवेदꣳ सर्वम् । यद्भूतयँ यच्च भव्यम् । उतामृतत्वस्येशानः । यद् अन्नेनातिरोहति । एतावानस्य महिमा । अतो ज्यायाꣳश्च पूरुषः ॥१॥ पादोऽस्य विश्वा भूतानि । त्रिपादस्यामृतं दिवि । त्रिपादूर्ध्व उदैत्पुरुषः । पादोऽस्येहाऽऽभवात्पुनः । ततो विष्वङ्व्यक्रामत् । साशनानशने अभि । तस्माद् विराडजायत । विराजो अधि पूरुषः । स जातो अत्यरिच्यत । पश्चाद् भूमिम् अथो पुरः ॥२॥ यत् पुरुषेण हविषा । देवा यज्ञम् अतन्वत । वसन्तो अस्यासीदाज्यम् । ग्रीष्म इध्मश्शरद्धविः । सप्तास्यासन्परिधयः । त्रिस् सप्त समिधꣳ कृताः । देवा यद् यज्ञं तन्वानाः । अबध्नन्पुरुषं पशुम् । तयँ यज्ञं बर्हिषि प्रौक्षन् । पुरुषं जातमग्रतः ॥३॥ तेन देवा अयजन्त । साध्या ऋषयश्च ये । तस्माद् यज्ञात् सर्वहुतः । सम्भृतं पृषदाज्यम् । पशूꣳस्ताꣳश्चक्रे वायव्यान् । आरण्यान् ग्राम्याश्च ये । तस्माद् यज्ञात् सर्वहुतः । ऋचस् सामानि जज्ञिरे । छन्दाꣳसि जज्ञिरे तस्मात् । यजुस् तस्माद् अजायत ॥४॥ तस्माद् अश्वा अजायन्त । ये के चोभयादतः । गावो ह जज्ञिरे तस्मात् । तस्माज् जाता अजावयः । यत् पुरुषँ व्यदधुः । कतिधा व्यकल्पयन् । मुखं किमस्य कौ बाहू । कावूरू पादावुच्येते । ब्राह्मणोऽस्य मुखमासीत् । बाहू राजन्यꣳ कृतः ॥५॥ ऊरू तदस्य यद् वैश्यः । पद्भ्याꣳ शूद्रो अजायत । चन्द्रमा मनसो जातः । चक्षोस् सूर्यो अजायत । मुखादिन्द्रश्च अग्निश्च । प्राणाद् वायुर् अजायत । नाभ्या आसीद् अन्तरिक्षम् । शीर्ष्णो द्यौस् समवर्तत । पद्भ्यां भूमिर् दिशश् श्रोत्रात् । तथा लोकाꣳ अकल्पयन् ॥६॥ वेदाहमेतं पुरुषं महान्तम् । आदित्यवर्णं तमसस्तुपारे । सर्वाणि रूपाणि विचित्य धीरः । नामानि कृत्वाऽभिवदन् यदास्ते । धाता पुरस्ताद् यमुदाजहार । शक्रꣳ प्रविद्वान् प्रदिशश्च तस्रः । तमेवं विद्वान्

अमृत इह भवति । नान्यः पन्था अयनाय विद्यते । यज्ञेन यज्ञम् अयजन्त देवाः । तानि धर्माणि प्रथमान्यासन् । ते ह नाकं महिमानस् सचन्ते। यत्र पूर्वे साध्यास् सन्ति देवाः ॥७॥

Uttara Narayanam

अद्भ्यस् सम्भूतः पृथिव्यै रसाच्च । विश्वकर्मणस् समवर्तताधि । तस्य त्वष्टा विदधद्रूपमेति । तत् पुरुषस्य विश्वम् आजानम् अग्रे । वेदाहमेतं पुरुषं महान्तम् । आदित्यवर्णं तमसः परस्तात् । तमेवं विद्वान् अमृत इह भवति । नान्यः पन्था विद्यतेऽयनाय । प्रजापतिश्चरति गर्भे अन्तः । अजायमानो बहुधा विजायते ॥८॥ तस्य धीराः परिजानन्ति योनिम् । मरीचीनां पदम् इच्छन्ति वेधसः । यो देवेभ्य आतपति । यो देवानां पुरोहितः । पूर्वो यो देवेभ्यो जातः । नमो रुचाय ब्राह्मये । रुचं ब्राह्मं जनयन्तः । देवा अग्रे तद् अब्रुवन् । यस्त्वैवं ब्राह्मणो विद्यात् । तस्य देवा असन् वशे ॥९॥ ह्रीश्च ते लक्ष्मीश्च पत्न्यौ । अहोरात्रे पार्श्वे । नक्षत्राणि रूपम् । अश्विनौ व्यात्तम् । इष्टं मनिषाण । अमुं मनिषाण । सर्वं मनिषाण ॥१०॥ ॐ शान्तिः शान्तिः शान्तिः ॥

श्रीसूक्तम्

ॐ हिरण्यवर्णां हरिणीं सुवर्ण-रजत-स्रजाम् । चन्द्रां हिरण्मयीँ लक्ष्मीं जातवेदो म आवह ॥१॥ तां म आ वह जातवेदो लक्ष्मीमनपगामिनीम् । यस्यां हिरण्यँ विन्देयं गामश्वं पुरुषानहम् ॥२॥ अश्वपूर्वां रथमध्यां हस्तिनाद प्रमोदिनीम् । श्रियं देवीमुपह्वये श्रीर्मा देवीर् जुषताम् ॥३॥ कां सोस्मितां हिरण्य प्राकारा माद्रीं ज्वलन्तीं तृप्तां तर्पयन्तीम् । पद्मे स्थितां पद्मवर्णां तामिहोप-ह्वये श्रियम् ॥४॥ चन्द्रां प्रभासायँ यशसा ज्वलन्तीं श्रियँ लोके देवजुष्टामुदाराम् । तां पद्मिनीमीं शरणमहं प्रपद्येऽलक्ष्मीर् मे नश्यतां त्वाँ वृणे ॥५॥ आदित्यवर्णे तपसोऽधिजातो वनस्पतिस्तव वृक्षोऽथ बिल्वः । तस्य फलानि तपसा नुदन्तु मा याऽन्तरा याश्च बाह्या अलक्ष्मीः ॥६॥ उपैतु मां देवसखᳵ कीर्तिश्च मणिना सह । प्रादुर्भूतोऽस्मि राष्ट्रेऽस्मिन् कीर्ति मृद्धिं ददातु मे ॥७॥ क्षुत्पिपासामलां ज्येष्ठाम् अलक्ष्मीं नाशयाम्यहम् । अभूतिम् असमृद्धिञ्च सर्वां निर्णुद मे गृहात् ॥८॥ गन्धद्वारां दुराधर्षां नित्यपुष्टां करीषिणीम् । ईश्वरीं सर्वभूतानां तामिहोपह्वये श्रियम् ॥९॥ मनसᳵ काममाकूतिं वाचस् सत्यमशीमहि । पशूनां रूपमन्नस्य मयि श्रीश् श्रयतायँ यशः ॥१०॥ कर्दमेन प्रजा भूता मयि सम्भव कर्दम । श्रियँ वासय मे कुले मातरं पद्म-मालिनीम् ॥११॥ आपस् सृजन्तु स्निग्धानि चिक्लीत वस मे गृहे । नि च देवीं मातरं श्रियँ वासय मे कुले ॥१२॥ आर्द्रां पुष्करिणीं पुष्टिं सुवर्णां हेम-मालिनीम् । सूर्यां हिरण्मयीलँ लक्ष्मीं जातवेदो म आवह ॥१३॥ आर्द्रायँ यᳵ करिणीयँ यष्टिं पिङ्गलां पद्म-मालिनीम् । चन्द्रां हिरण्यमयीँल् लक्ष्मीं जातवेदो म आवह ॥१४॥ तां म आवह जातवेदो लक्ष्मी-मनपगामिनीम् । यस्यां हिरण्यं प्रभूतं गावो दास्योऽश्वान् विन्देयं पुरुषानहम् ॥१५॥

पद्मप्रिये पद्मिनि पद्महस्ते पद्मालये पद्मदलायताक्षि। विश्वप्रिये विष्णु मनोऽनुकूले त्वत्पादपद्मं मयि सन्निधत्स्व ॥

श्रियें जात श्रिय आनिर्याय श्रियं वयों जनितृभ्यों दधातु । श्रियं वसाना अमृतत्वमायन् भजंति सद्यः संविता विदध्यून् ॥ श्रियं एवैनं तच्छ्रियामादधाति । सन्ततमृचा वंषट्कृत्यं सन्धंत्तं सन्धीयते प्रजया पशुभिः । य एवं वेद ।
ॐ महालक्ष्मी चं विद्महे विष्णुपत्नी चं धीमहि । तन्नो लक्ष्मीः प्रचोदयात् ॥

महालक्ष्मी अष्टकम्

नमस्तेऽस्तु महामाये श्रीपीठे सुरपूजिते ।
शङ्खचक्रगदाहस्ते महालक्ष्मि नमोऽस्तु ते ॥१॥
नमस्ते गरूडारूढे कोलासुर भयङ्करि ।
सर्वपाप हरे देवि महालक्ष्मि नमोऽस्तु ते ॥२॥
सर्वज्ञे सर्ववरदे सर्वदुष्ट भयङ्करि ।
सर्वदुःख हरे देवि महालक्ष्मि नमोऽस्तु ते ॥३॥
सिद्धीबुद्धिप्रदे देवि भुक्तिमुक्ति प्रदायिनि ।
मन्त्रमूर्ते सदा देवि महालक्ष्मि नमोऽस्तु ते ॥ ४ ॥
आद्यन्तरहिते देवि आद्यशक्ति महेश्वरि ।
योगजे योगसम्भूते महालक्ष्मि नमोऽस्तु ते ॥ ५ ॥
स्थूलसूक्ष्म महारौद्रे महाशक्ति महोदरे ।
महापाप हरे देवि महालक्ष्मि नमोऽस्तु ते ॥ ६ ॥
पद्मासनस्थिते देवि परब्रह्मस्वरूपिणि ।
परमेशि जगन्मातर् महालक्ष्मि नमोऽस्तु ते ॥७॥
श्वेताम्बरधरे देवि नानालङ्कार भूषिते ।
जगत्स्थिते जगन्मातर् महालक्ष्मि नमोऽस्तु ते ॥८॥

महालक्ष्म्यष्टकं स्तोत्रं यः पठेद् भक्तिमान्नरः ।
सर्वसिद्धिमवाप्नोति राज्यं प्राप्नोति सर्वदा ॥९॥

एककाले पठेन्नित्यं महापापविनाशनम् ।
द्विकालं यः पठेन्नित्यं धनधान्य समन्वितः ॥१०॥

त्रिकालं यः पठेन्नित्यं महाशत्रुविनाशनम् ।
महालक्ष्मीर्भवेन्नित्यं प्रसन्ना वरदा शुभा ॥११॥

॥ इति इन्द्रकृत श्रीमहालक्ष्म्यष्टकं सम्पूर्णम् ॥

नवग्रह देवता प्रार्थना

सूर्यः शौर्यमथेन्दुरुच्चपदवीं सन्मङ्गलं मङ्गलः ।
सद्बुद्धिं च बुधो गुरुश्च गुरुतां शुक्रः सुखं शं शनिः ।
राहुर्बाहुबलं करोतु विपुलं केतुः कुलस्योन्नतिम् ।
नित्यं प्रीतिकरा भवन्तु भवतां सर्वे प्रसन्ना ग्रहाः ॥
आदित्यादि नवग्रह देवताभ्यो नमः ॥

नवग्रह स्तोत्रम्

जपाकुसुम संकाशं काश्यपेयं महाद्युतिम् ।
तमोरिंसर्वपापघ्नं प्रणतोऽस्मि दिवाकरम् ॥१॥ (रवि)

दधिशंखतुषाराभं क्षीरोदार्णव संभवम् ।
नमामि शशिनं सोमं शंभोर्मुकुट भूषणम् ॥२॥ (चन्द्र)

धरणीगर्भ संभूतं विद्युत्कांति समप्रभम् ।
कुमारं शक्तिहस्तं तं मंगलं प्रणाम्यहम् ॥३॥ (मङ्गल)

प्रियंगुकलिकाश्यामं रुपेणाप्रतिमं बुधम् ।
सौम्यं सौम्यगुणोपेतं तं बुधं प्रणमाम्यहम् ॥४॥ (बुध)
देवानांच ऋषीनांच गुरूं कांचन सन्निभम् ।
बुद्धिभूतं त्रिलोकेशं तं नमामि बृहस्पतिम् ॥५॥ (गुरु)
हिमकुंद मृणालाभं दैत्यानां परमं गुरूम् ।
सर्वशास्त्र प्रवक्तारं भार्गवं प्रणमाम्यहम् ॥६॥ (शुक्र)
नीलांजन समाभासं रविपुत्रं यमाग्रजम् ।
छायामार्तंड संभूतं तं नमामि शनैश्चरम् ॥७॥ (शनि)
अर्धकायं महावीर्यं चंद्रादित्य विमर्दनम् ।
सिंहिकागर्भसंभूतं तं राहुं प्रणमाम्यहम् ॥८॥ (राहू)
पलाशपुष्पसंकाशं तारकाग्रह मस्तकम् ।
रौद्रंरौद्रात्मकं घोरं तं केतुं प्रणमाम्यहम् ॥९॥ (केतु)
इति श्रीव्यासमुखोग्दीतं यः पठेत् सुसमाहितः ।
दिवा वा यदि वा रात्रौ विघ्न शांतिर्भविष्यति ॥१०॥ (फलश्रुति)
नरनारी नृपाणांच भवेत् दुःस्वप्ननाशनम् ।
ऐश्वर्यमतुलं तेषां आरोग्यं पुष्टिवर्धनम् ॥११॥
ग्रहनक्षत्रजाः पीडास्तस्कराग्निसमुभ्द्वाः ।
ता सर्वाःप्रशमं यान्ति व्यासोब्रुते न संशयः ॥१२॥
॥ इति श्री वेदव्यास विरचितम् आदित्यादी नवग्रह स्तोत्रं संपूर्णम् ॥

ब्रह्मा मुरारीत्रिपुरांतकारी भानुः शशी भूमिसुतो बुधश्च ।
गुरुश्च शुक्रः शनिराहुकेतवः सर्वे ग्रहा शांति करा भवंतु ॥

श्री धन्वन्तरि पूजा

ध्यानम्

अच्युतानंत गोविंद विष्णो नारायणाऽमृत
रोगान्मे नाशयाऽशेषानाशु धन्वंतरे हरे ।
आरोग्यं दीर्घमायुष्यं बलं तेजो धियं श्रियं
स्वभक्तेभ्योऽनुगृह्णंतं वंदे धन्वंतरिं हरिम् ॥

शंखं चक्रं जलौकां दधदमृतघटं चारुदोर्भिश्चतुर्भिः ।
सूक्ष्मस्वच्छातिहृद्यांशुक परिविलसन्मौलिमंभोजनेत्रम् ।
कालांभोदोज्ज्वलांगं कटितटविलसच्चारुपीतांबराढ्यम् ।
वंदे धन्वंतरिं तं निखिलगदवनप्रौढदावाग्निलीलम् ॥

धन्वंतरेरिमं श्लोकं भक्त्या नित्यं पठंति ये ।
अनारोग्यं न तेषां स्यात् सुखं जीवंति ते चिरम् ॥

मंत्र

ॐ नमो भगवते वासुदेवाय धन्वंतरये अमृतकलशहस्ताय सर्वामयविनाशनाय त्रैलोक्यनाथाय श्रीमहाविष्णवे स्वाहा ।

गायत्री मंत्र

ॐ वासुदेवाय विद्महे सुधाहस्ताय धीमहि । तन्नो धन्वंतरिः प्रचोदयात् ।

तारकमंत्रम्

ॐ धं धन्वंतरये नमः ।

नक्षत्र वन पूजा

नक्षत्र , नक्षत्र आराध्य देव वृक्ष , नक्षत्र देवता , नक्षत्र स्वामी ग्रह , दान – welcome and mention for each day at start

गुरु पूजा Guru Puja

हवन Havan

(गायत्री मंत्र – 12 times, महामृत्युंजय मंत्र – 21 times)

शुक्लाम्बरधरं विष्णुं शशिवर्णं चतुर्भुजम् ।
प्रसन्नवदनं ध्यायेत् सर्वविघ्नोपशान्तये ॥

वक्रतुन्डमहाकाय सूर्यकोटिसमप्रभ ।
निर्विघ्नं कुरु मे देव सर्व कार्येषु सर्वदा ॥

स्वस्ति न इन्द्रो वृद्धश्रवाः । स्वस्ति नः पूषा विश्ववेदाः । स्वस्ति नस्तार्क्ष्यो अरिष्टनेमिः । स्वस्ति नो बृहस्पतिर्दधातु ॥ ॐ शान्तिः शान्तिः शान्तिः ॥

पूर्वांगपूजा

- दीप पूजा

भो दीप देवरुपस्त्वं कर्मसाक्षीह्यविघ्नकृत् ।
यावत्कर्मसमाप्तिः स्यात् तावत्वं सुस्थिरो भव ॥
शुभं करोतु कल्याणम् आरोग्यं धनसम्पदः ।
शत्रुबुद्धिविनाशाय दीपज्योतिर्नमोऽस्तुते ॥
दीपदेवताभ्यो नमः। गन्ध-अक्षत्पुष्पाणि समर्पयामि ॥

◦ आचमन sip water thrice

ॐ अच्युताय नमः । ॐ अनन्ताय नमः । ॐ गोविन्दाय नमः ।

◦ आत्मशुद्धि sprinkle water

ॐ अपवित्रः पवित्रो वा सर्वावस्थां गतोऽपि वा ।
यः स्मरेत्पुंडरीकाक्षं स बाह्याभ्यान्तरः शुचिः ॥

◦ प्राणायाम do nadi shodhan with gayatri

ॐ भूर्भुवः स्वः तत्सवितुर्वरेण्यं भर्गो देवस्य धीमहि धियो यो नः प्रचोदयात् ॥

गणेश स्मरण (Ganapati Atharvashirsha)

ॐ भद्रं कर्णेभिश् शृणुयाम देवाः । भद्रं पश्ये माक्षभिर् यजत्राः । स्थिरैरङ्गैस् तुष्टुवाꣳ संस्तनूभिः । व्यशेम देवहितयँ यदायुः । स्वस्ति न इन्द्रो वृद्धश्रवाः । स्वस्ति नः पूषा विश्ववेदाः । स्वस्ति नस्ताक्ष्यो अरिष्टनेमिः । स्वस्ति नो बृहस्पतिर्दधातु ॥ ॐ शान्तिः शान्तिः शान्तिः ॥ १ ॥

◦ आवाहन

ॐ गणानां त्वा गणपतिगं हवामहे कविं कविनामुपश्रवस्तमम् ।
ज्येष्ठराजं ब्रह्मणां ब्रह्मणस्पत आ नः शृण्वन्नूतिभिस्सीद सादनम् ॥
ॐ महागणपतये नमः। आवाहयामि ॥
ॐ महागणपतये नमः। नानाविधपरिमलपत्रपुष्पाणि समर्पयामि ॥

◦ नमस्कार

ॐ महागणपतये नमः। प्रार्थनापूर्वक नमस्कारान् समर्पयामि ॥

भूमि पूजा

ॐ पृथ्वी त्वया धृता लोकाः देवि त्वं विष्णुना धृता ।
त्वं च धारय मां देवि पवित्रं कुरु चासनम् ॥ ॐ पृथिव्यै नमः ।

देवता नमस्कार

ॐ श्री लक्ष्मी-नारायणाभ्यां नमः । ॐ श्री उमा-महेश्वराभ्यां नमः ।
ॐ श्री वाणी-हिरण्यगर्भाभ्यां नमः । ॐ श्री सीता-रामाभ्यां नमः ।
ॐ श्री शची-पुरन्दराभ्यां नमः । ॐ श्री अरुणधति-वशिष्ठाभ्यां नमः ।
ॐ श्री धन्वन्तरये नमः । ॐ दुर्गायै नमः । ॐ गणपतये नमः ।
ॐ क्षेत्रपालाय नमः । ॐ वास्तुपुरुषाय नमः । ॐ मातृभ्यो नमः ।
ॐ पितृभ्यो नमः । ॐ गुरुभ्यो नमः । ॐ आचार्येभ्यो नमः ।
ॐ इष्टदेवताभ्यो नमः । ॐ कुलदेवताभ्यो नमः । ॐ ग्रामादिदेवताभ्यो नमः ।
ॐ आदित्यादि नवग्रह देवताभ्यो नमः । ॐ सर्वेभ्यो देवेभ्यो नमः ।
ॐ सर्वेभ्यो देवताभ्यो नमः । ॐ सर्वेभ्यो ब्राह्मणेभ्यो नमः । ॐ श्रीमद् भगवत् बौद्धायन-आचार्येभ्यो नमः ।

श्री धन्वन्तरि स्मरण (chant Dhanwantari puja)

ॐ नमो भगवते वासुदेवाय धन्वन्तरये अमृत-कलश-हस्ताय सर्वामय-विनाशनाय त्रैलोक्यनाथाय श्रीमहाविष्णवे नमः ।

ॐ श्री धन्वन्तरये नमः ॥

सङ्कल्पम्

प्रारम्भ-काल-शुभमुहूर्तमस्तु - ॐ विष्णुः विष्णुः विष्णोराज्ञया प्रवर्तमानस्य अद्य ब्रह्मणः द्वितीय प्रहरार्द्धे श्री श्वेत-वराह-कल्पे वैवस्वत-मन्वन्तरे कलियुगे अष्टाविंशति-तमे तत् प्रथम-पादे जम्बू-द्वीपे भरत-खण्डे भारत-वर्षे महामेरोः [पश्चिमे] दिग्भागे [दक्षिणे] पार्श्वे [श्रीमद् शतद्रोः सतलुज] नदी-तीरे बौद्धावतारे राम-क्षेत्रे [गुजरात] प्रदेशे [कर्णावती]-पुण्य नगर्यां अस्मिन् वर्तमानकाले व्यवहारिके प्रभवादि षष्ट्यां संवत्सराणां मध्ये [विश्ववसु]-नाम संवत्सरे [दक्षिण]-आयने [वसन्त]-ऋतौ [चैत्र]-मासे [कृष्ण]-पक्षे अद्य [एकादशी]-शुभतिथौ वासरः वासरस्तु [मङ्गल]-वासरे वासरयुक्तायां [श्रवण]-नक्षत्र-युक्तायां शुभयोग शुभकरण एवं गुण विशेषेण विशिष्टायां पुण्यायां पुण्यकाले महापुण्य शुभतिथौ – [वसिष्ठ]-गोत्रोद्-भवानां [पुष्य]-नक्षत्रे [कर्क]-राशौ जातानां [your name]-सर्वेषां भक्त-महाजनानां अस्माकं सहकुटुम्बानां बन्धुजनवर्गस्य, क्षेम-स्थैर्य-वीर्य-विजय-आयुः, आयुष्य-आरोग्य-ऐश्वर्याणाम् अभिवृद्धिः अर्थं, देशविदेशेषु सनातन-धर्म-प्रचार-कार्येषु , यशोलाभ-प्राप्त्यर्थं, समस्त-मङ्गल-अवाप्ति-अर्थं, अलक्ष्मी निवार्णार्थं, अष्टलक्ष्मी स्थैर्यता सिद्धि-अर्थं , समस्त-दुरित-उपशान्ति-अर्थं, इष्ट-काम्यर्थ-सिद्धि-अर्थं, समस्त वैश्विक कल्याणार्थं, समस्त जनानां आध्यात्मिक आधिदैविक आधिभौतिक शान्ति-अर्थं, धर्म-अर्थ-काम-मोक्ष चतुर्विधफल पुरुषार्थ-सिद्धि-अर्थं, श्री सूर्य-गणपत्यम्बिका-शिव-विष्णु-देवता प्रीति-अर्थं, प्रसादेन सर्वारिष्ट शान्ति-अर्थं, सर्वान्-अनुकूलता सिद्ध्यर्थं, सर्वमनोरथ अवाप्ति-अर्थं, श्रेयोभिः अभिवृद्धि-अर्थं, समस्तपापक्षयपूर्वकं महा पुण्यकाले - श्री नक्षत्र-[श्रवण] आराध्य देव वृक्ष-[रुई] पूजा आराधनं स्थापनं च करिष्ये ।

नक्षत्र आराध्य देव वृक्ष पूजन तथा स्थापन

नक्षत्र देवता मंत्र – chant 3 times for current Nakshatra

बीज मंत्र - 11 times

वेद् मंत्र - once

पौराणिक मंत्र - once

नक्षत्र नाम मंत्र – 9 times

नक्षत्र देवता के उपचार वस्त्र, चंदन, पुष्प, गूगलधूप, पायस । offer at tree.

वनस्पति नमस्कार

आयुर्बलं यशो वर्चः प्रजाः पशुवसूनि च ।
ब्रह्म प्रज्ञां च मेधां च त्वं नो देहि वनस्पते ॥

दीप आरती

न तत्र सूर्यो भाति न चन्द्रतारकं नेमा विद्युतो भान्ति कुतोऽयमग्निः।
तमेव भान्तम् अनुभाति सर्वं तस्य भासा सर्वमिदं विभाति ॥

कर्पूर आरती

कर्पूरगौरं करुणावतारं संसारसारं भुजगेन्द्रहारम् ।
सदा वसन्तं हृदयारविन्दे भवंभवानी सहितं नमामि ॥
नीराजनान्तरम् आचमनीयं समर्पयामि । पुष्पैः पूजयामि । कर्पूरनीराजनं सन्दर्शयामि ।

स्वस्ति वाचक श्लोकः

ॐ स्वस्तिः प्रजाभ्यः परिपालयन्ताम् । न्यायेन मार्गेण महीं महीशाः । गो ब्राह्मणेभ्यः शुभमस्तु नित्यम् । लोकाः समस्ताः सुखिनो भवन्तु ॥ काले वर्षतु पर्जन्यः पृथिवी सस्यशालिनी । देशोऽयं क्षोभरहितः ब्राह्मणाः सन्तु निर्भयाः ॥

आशीर्वचनम्

सर्वे भवन्तु सुखिनः । सर्वे सन्तु निरामयाः । सर्वे भद्राणि पश्यन्तु । मा कश्चिद् दुःखभाग् भवेत् ॥ असतो मा सद् गमय । तमसो मा ज्योतिर् गमय । मृत्योर् मा अमृतं गमय ॥

ॐ पूर्णमदः पूर्णमिदं पूर्णात् पूर्णमुदच्यते ।

पूर्णस्य पूर्णमादाय पूर्णमेवावशिष्यते ॥ ॐ शान्तिः शान्तिः शान्तिः ॥

पुरुषसूक्तम् (chant Purushasuktam)

नवग्रह देवता प्रार्थना (chant)

नवग्रह स्तोत्रम् followed by bhajan

क्षमा प्रार्थना

यद् अक्षर-पद-भ्रष्टं मात्रा हीनञ्च यद् भवेत् ।

तत् सर्वं क्षम्यतां देव प्रसीद परमेश्वर ॥

ॐ आभिर् गीर्भिर् यदतोन ऊनमाप्यायय हरिवो वर्धमानः ।

यदा स्तोतृभ्यो महि गोत्रा रुजासि भूयिष्ठभाजो अध ते स्याम ।

ब्रह्म प्रावादिष्म तन्नो मा हासीत् ॥ ॐ शान्तिः शान्तिः शान्तिः ॥ हरिः ॐ ॥

दानम्

do once for each nakshatra after planting the trees

नक्षत्र विधि अनुसारेण यथा शक्ति दानं च करिष्ये ।

Note: एक नक्षत्र के 4 पाद होने से 4 समय पर 4 पेड़ मुहूर्त अनुसार विधिवत बोएं । नक्षत्र के प्रथम पाद के समय दान विधि एक बार करें । पूरे नक्षत्रवन दरमियान कुल मिलाके (27 x 4) 108 पेड़ लगेंगे । उसमे सिर्फ 27 चीजों का एक बार दान करना है ।

NAKSHATRA POOJA DETAILS

For use during each CURRENT DAY'S

4 Trees Plantation

19 Sep 2021

1 अश्विनी Ashwini - Beta Arietis

आराध्य देव वृक्ष – जहर कुचला, विषतिंदुक poison nut strychnos nux-vomica

नक्षत्र देवता - अश्विनी कुमार

नक्षत्र स्वामी ग्रह - केतु (ketu)

नक्षत्र तत्व - वायु

दान - सुपात्र ब्राह्मण को भोजन (feed a suitable person)

नक्षत्र देवता मंत्र - ॐ अश्विनी कुमाराभ्यां नमः ।

बीज मंत्र - ॐ ह्रीँ श्रीँ अश्विनी कुमाराभ्यां मृत्युंजयाय अग्नितत्वाय नमो नमः ।

वेदमंत्र - ॐ अश्विना तेजसा चक्षुः प्राणेन सरस्वती वीर्यम् ।
वाचेन्द्रो बलेनेन्द्राय दधुरिन्द्रियम् ॥

पौराणिक श्लोक –

अश्विनी देवते श्वेतवर्णौ तौ द्विभुजौ स्तुमः।
सुधासंपूर्ण कलश कराब्जावश्व वाहनौ ॥

नक्षत्र नाम मंत्र - ॐ अश्वयुगभ्यां नमः ।

नक्षत्र देवता के उपचार - श्वेत वस्त्र, चंदन, कमलपुष्प, गूगलधूप, पायस ।

2 भरणी Bharani - 39 Arietis

आराध्य देव वृक्ष – **आंवला, आमलक** Indian gooseberry phyllanthus emblica

नक्षत्र देवता - **यम, आद्य पितर** नक्षत्र स्वामी ग्रह - **शुक्र** (venus)

नक्षत्र तत्व - **अग्नि**

दान - **गाय को भोजन** (feed a cow)

नक्षत्र देवता मंत्र - **ॐ यमाय नमः ।**

बीज मंत्र - **ॐ ह्रीँ श्रीँ सर्पदेवाय पृथ्वीतत्वाय नमो नमः ।**

वेद मंत्र - **ॐ यमाय त्वा मखाय त्वा सूर्य्यस्य त्वा तपसे ।**

देवस्त्वा सविता मध्वानक्तु पृथिव्याः सꣳ स्पृशस्पाहि।

अर्चिरसि शोचिरसि तपोऽसि ॥

पौराणिक श्लोक –

पाशदण्डं भुजद्वयं यमं महिष वाहनम् ।

यमं नीलं भजे भीमं सुवर्ण प्रतीमागतम् ॥

नक्षत्र नाम मंत्र - **ॐ अपभरणीभ्यो नमः ।**

नक्षत्र देवता के उपचार - **नील वस्त्र, रक्तकरवीर पुष्प, महिषाक्षी धूप, कृष्णागरु गंध, गुडान्न नैवेद्य ।**

3 कृत्तिका Krittika - Pleiades

आराध्य देव वृक्ष – उम्बर, गूलर cluster fig

ficus racemosa

नक्षत्र देवता - अग्नि

नक्षत्र स्वामी ग्रह - सूर्य (sun)

नक्षत्र तत्व - अग्नि

दान - सुवर्ण (gold)

नक्षत्र देवता मंत्र - ॐ अग्नये नमः।

बीज मंत्र - ॐ ह्रीँ श्रीँ मेधाय अग्नितत्वाय नमो नमः ।

वेद मंत्र - ॐ अग्निर्मूर्द्धा दिवः ककुत्पतिः पृथिव्याऽ अयम् ।

अपाꣳ रेताꣳसि जिन्वति ॥

पौराणिक श्लोक –

कृत्तिका देवतामग्निं मेशवाहनं संस्थितम् ।

स्त्रुक् स्तुवाभीतिवरधृक्सप्तहस्तं नमाम्यहम् ॥

नक्षत्र नाम मंत्र - ॐ कृत्तिकाभ्यो नमः ।

नक्षत्र देवता के उपचार - रक्त वस्त्र, सुगंधित पुष्प, सर्पि धूप, धृत दीप, धृत ओदन नैवेद्य ।

4 रोहिणी Rohini - Aldebaran

आराध्य देव वृक्ष – जामुन black plum

syzygium cuminii

नक्षत्र देवता - ब्रह्मा

नक्षत्र स्वामी ग्रह - चंद्र (moon)

नक्षत्र तत्व - पृथ्वी

दान - गाय का घी (ghee)

नक्षत्र देवता मंत्र - ॐ ब्रह्मणे नमः । ॐ प्रजापतये नमः ।

बीज मंत्र - ॐ ह्रीँ श्रीँ ब्रह्मयक्षाय अग्नितत्वाय नमो नमः ।

वेद् मंत्र - ॐ ब्रह्मजज्ञानं प्रथमं पुरस्ताद्विसीमतः सुरुचो वेन
आवः। स बुध्न्या उपमा अस्य विष्ठाः सतश्च
योनिमसतश्च विवः ॥

पौराणिक श्लोक -

प्रजापतीश्चतुर्बाहुः कमंडल्वक्षसूत्रधृत् ।
वराभयकरः शुद्धौ रोहिणी देवतास्तु मे ॥

नक्षत्र नाम मंत्र - ॐ रोहिण्यै नमः ।

नक्षत्र देवता के उपचार – कृष्णवस्त्र, कहारपुष्प, गुगुल-धूप, कस्तुरी-गंध, क्षीरान्न-नैवेद्य ।

5 मृगशिरा Mrigashira – λ Orionis

आराध्य देव वृक्ष – खैर, खदिर, cutch acacia catechu

नक्षत्र देवता - चंद्र , सोम

नक्षत्र स्वामी ग्रह - मंगल (mars)

नक्षत्र तत्व - वायु

दान - तिल (sesame)

नक्षत्र देवता मंत्र- ॐ चन्द्रमसे नमः । ॐ सोमाय नमः ।

बीज मंत्र - ॐ ह्रीँ श्रीँ इन्द्रदेवाय अग्नितत्वाय नमो नमः ।

वेद मंत्र - ॐ इमं देवाऽअसपत्नꣳ सुवध्वं महते क्षत्राय महते ज्यैष्ठ्याय महते जानराज्यायेन्द्रस्येन्द्रियाय । इमममुष्य पुत्रममुष्यै पुत्रमस्यै विशऽएष वोऽमी राजा सोमोऽस्माकं ब्राह्मणानाꣳ राजा ॥

पौराणिक श्लोक -

श्वेतवर्णाकृतीः सोमो द्विभुजो वरदण्डभृत् ।
दशाश्वरथमारूढो मृगशिर्षोस्तु मे मुदे ॥

नक्षत्र नाम मंत्र - ॐ मृगशीर्षाय नमः ।

नक्षत्र देवता के उपचार – श्वेतवस्त्र, कुंदपुष्प, गूगलधूप, श्वेतचंदन, क्षीरान्ननैवेद्य ।

6 आर्द्रा Ardra - Betelgeuse

आराध्य देव वृक्ष – कृष्णगुरु, red sandalwood

pterocarpus santalinus

नक्षत्र देवता - रुद्र नक्षत्र स्वामी ग्रह - राहु (rahu)

नक्षत्र तत्व - जल दान - गाय (a cow)

नक्षत्र देवता मंत्र - ॐ रुद्राय नमः । ॐ शिवाय नमः ।

बीज मंत्र -ॐ ह्रीँ श्रीँ रुद्राय वायुतत्वाय नमो नमः ।

वेद मंत्र - ॐ नमस्ते रुद्र मन्यवऽउतो तऽइषवे नमः ।

बाहुभ्यामुत ते नमः ॥

पौराणिक श्लोक -

रुद्र श्वेतो वृशारूढः श्वेतमाल्यश्चतुर्भुजः ।

शूलखड्गाभयवरान्दधानो मे प्रसीदतु ॥

नक्षत्र नाम मंत्र - ॐ आर्द्रायै नमः ।

नक्षत्र देवता के उपचार - श्वेतवस्त्र, बिल्वपत्र, गूगल-अगरुधूप, श्वेतगंध, विविध प्रकार के अन्ननैवेद्य ।

7 पुनर्वसु Punarvasu – Castor & Pollux

आराध्य देव वृक्ष – बांस, bamboo

bambusa vulgaris

नक्षत्र देवता - अदिती

नक्षत्र स्वामी ग्रह - गुरु (jupiter)

नक्षत्र तत्व - वायु

दान – पीत्तल (brass)

नक्षत्र देवता मंत्र -ॐ अदित्यै नमः। ॐ अदितये नमः ।

बीज मंत्र -ॐ ह्रीं श्रीं अदितिर्द्यौराय नमो नमः ।

वेद मंत्र - ॐ अदितिर्द्यौरदितिरन्तरिक्षमदितिर्माता स पिता स पुत्रः । विश्वे देवाऽअदितिः पञ्च जनाऽअदितिर्जातमदितिर्जनित्वम् ॥

पौराणिक श्लोक -

अदितीः पीतवर्णाश्चस्त्रुवाक्षकमण्डलून् ।

दधाना शुभदा मे स्यात् पुनर्वसु कृताख्या ॥

नक्षत्र नाम मंत्र - ॐ पुनर्वसुभ्यां नमः ।

नक्षत्र देवता के उपचार - पीतवस्त्र, मल्लिकापुष्प, मलयजधूप, गोलकुंकुम, गुडान्ननैवेद्य ।

8 पुष्य Pushya - λ Cancri

आराध्य देव वृक्ष – पीपल, sacred fig

ficus religiosa

नक्षत्र देवता - बृहस्पति

नक्षत्र स्वामी ग्रह - शनि (saturn)

नक्षत्र तत्व - अग्नि

दान - तिल और अन्न (sesame and food)

नक्षत्र देवता मंत्र - ॐ बृहस्पतये नमः ।

बीज मंत्र - ॐ ह्रीँ श्रीँ बृहस्पतये पृथ्वीतत्वाय नमो नमः ।

वेद मंत्र - ॐ बृहस्पतेऽअति यदर्योऽअर्हाद् द्युमद्विभाति
ऋतुमज्जनेषु । यद्दीदयच्छवसऽ ऋतप्रजात
तदस्मासु द्रविणं धेहि चित्रम् ॥

पौराणिक श्लोक -

वंदे बृहस्पतिं पुष्यदेवतामानुषाकृतिम् ।
सर्वाभरण संपन्नं देवमंत्रेण मादरात् ॥

नक्षत्र नाम मंत्र - ॐ पुष्याय नमः ।

नक्षत्र देवता के उपचार - कृष्णवस्त्र, सुगंधितपुष्प, गूगलधूप, गूगलगंध, रान्ननैवेद्य।

9 आश्लेषा Ashlesha - δ Hydrae

आराध्य देव वृक्ष – **नागचम्पा**, bridal bouquet plumeria pudica

नक्षत्र देवता - **सर्प** नक्षत्र स्वामी ग्रह - **बुध** (mercury)

नक्षत्र तत्व - **जल** दान - **गाय** (a milk cow with calf)

नक्षत्र देवता मंत्र - **ॐ सर्पेभ्यो नमः ।**

बीज मंत्र - **ॐ ह्रीँ श्रीँ सर्पदेवाय पृथ्वीतत्वाय नमो नमः ।**

वेद् मंत्र - **ॐ नमोऽस्तु सर्पेभ्यो ये के च पृथिवीमनु । येऽ अन्तरिक्षे ये दिवि तेभ्यः सर्पेभ्यो नमः ॥**

पौराणिक श्लोक -

सर्पोरक्त स्त्रिनेत्रश्च फलकासिकरद्वयः ।
आश्लेषा देवता पितांबरधृग्वरदोऽस्तुमे ॥

नक्षत्र नाम मंत्र - **ॐ आश्लेषायै नमः ।**

नक्षत्र देवता के उपचार - **श्वेतवस्त्र, अगस्तिपुष्प, गूगलधूप, चंदनगंध, खीरनैवेद्य ।**

10 मघा Magha - Regulus

आराध्य देव वृक्ष – बरगद, वट banyan

ficus benghalensis

नक्षत्र देवता - पितृ (पितर)

नक्षत्र स्वामी ग्रह - केतु (ketu)

नक्षत्र तत्व - अग्नि

दान - गाय (a cow)

नक्षत्र देवता मंत्र - ॐ पितृभ्यो नमः । ॐ पितरेभ्यो नमः ।

बीज मंत्र - ॐ ह्रीँ श्रीँ पितृदेवाय पृथ्वीतत्वाय नमो नमः ।

वेद मंत्र - ॐ पितृभ्यः स्वधायिभ्यः स्वधा नमः पितामहेभ्यः

स्वधायिभ्यः स्वधा नमः प्रपितामहेभ्यः

स्वधायिभ्यः स्वधा नमः । अक्षन् पितरोऽमीमदन्त

पितरोऽतीतृपन्त पितरः पितरः शुन्धध्वम् ॥

पौराणिक श्लोक -

पितरः पिण्डहस्ताश्च कृशाधूम्रा पवित्रिणः ।

कुशलं दधुरस्माकं मघा नक्षत्र देवताः ॥

नक्षत्र नाम मंत्र - ॐ मघायै नमः ।

नक्षत्र देवता के उपचार - कृष्णवस्त्र, चंपकपुष्प, गूगलधूप, धृतागरुगंध, धृतगुड़ (ghee or jaggery) नैवेद्य ।

11 पूर्वा फाल्गुनी Purva Phalguni - δ Leonis

आराध्य देव वृक्ष – **पलाश**, flame of the forest

butea monosperma

नक्षत्र देवता - **भग**

नक्षत्र स्वामी ग्रह - **शुक्र** (venus)

नक्षत्र तत्व - **अग्नि**

दान - **भोजन** (food)

नक्षत्र देवता मंत्र - **ॐ भगाय नमः ।**

बीज मंत्र - **ॐ ह्रीँ श्रीँ मित्रदेवाय पृथ्वीतत्वाय नमो नमः ।**

वेद मंत्र - **ॐ भग प्रणेतर्भग सत्यराधो भगेमां**
धियमुदवाददन्नः । भग प्रणो जनय गोभिरश्वैर्भग
प्रनृभिर्नृवन्तः स्याम ॥

पौराणिक श्लोक –

भगं रथवरारूढं द्विभुजं शंखचक्रकम् ।
फाल्गुनीदेवतां ध्यायेत् भक्ताभीष्टवरप्रदाम् ॥

नक्षत्र नाम मंत्र - **ॐ पूर्व फाल्गुनीभ्यां नमः ।**

नक्षत्र देवता के उपचार - **रक्तवस्त्र, बिल्वफल, घृतदीप, धूप, रक्तचंदन, आहारभक्ष्य नैवेद्य ।**

12 उत्तरा फाल्गुनी Uttara Phalguni - Denebola

आराध्य देव वृक्ष – पायरी, पाकड, java fig

ficus lacor

नक्षत्र देवता - अर्यमा

नक्षत्र स्वामी ग्रह - रवि (sun)

नक्षत्र तत्व - वायु

दान - अन्न (food)

नक्षत्र देवता मंत्र - ॐ अर्यम्णे नमः ।

बीज मंत्र - ॐ ह्रीँ श्रीँ भगप्राणमाय जलतत्वाय नमो नमः ।

वेद मंत्र - ॐ दैव्यावध्वर्यू आ गतꣳ रथेन सूर्य्यत्वचा । मध्वा यज्ञꣳ समञ्जाथे । तं प्रत्नथा । अयं वेनः ॥

पौराणिक श्लोक –

संपूज्याम्यर्यमणं फाल्गुनी तारदेवताम् ।

धूम्रवर्णं रथारूढं सुशक्तिकरसंयुतम् ॥

नक्षत्र नाम मंत्र - ॐ उत्तरा फाल्गुनीभ्यां नमः ।

नक्षत्र देवता के उपचार - श्वेतवस्त्र, श्वेतखरवीर और नीलोत्पलपुष्प, घृतदीप, बिल्वधूप, कुंकुमगंध, तिल और अक्षत, घृत-ओदननैवेद्य ।

Note – श्रीसुक्तम् का पाठ अवश्य करें । जिससे माँ लक्ष्मी की कृपा से अनन्त समृद्धि की प्राप्ति होती है ।

13 हस्त Hasta - α Corvi

आराध्य देव वृक्ष – जूही, चमेली, jasmine

jasminum auriculatum

नक्षत्र देवता - सूर्य

नक्षत्र स्वामी ग्रह - चंद्र (moon)

नक्षत्र तत्व - वायु

दान - अन्न (food)

नक्षत्र देवता मंत्र - ॐ सवित्रे नमः ।

बीज मंत्र - ॐ ह्रीँ श्रीँ अर्यमाह्दिया वद्रिदेवाय वायुतत्वाय नमो नमः ।

वेद मंत्र - ॐ विभ्राड् बृहत् पिबतु सोम्यं मध्वाय्युर्दधद् यज्ञपतावविह्रुतम् । वातजूतो योऽअभिरक्षतित्मना प्रजाः पुपोष पुरुधा विराजति ॥

पौराणिक श्लोक -

सवितारहं वंदे सप्ताश्वरथ वाहनम् ।

पद्मासनस्थं छायेशं हस्तनक्षत्रदेवताम् ॥

नक्षत्र नाम मंत्र - ॐ हस्ताय नमः ।

नक्षत्र देवता के उपचार - रक्तवस्त्र, रक्तकरवीरपुष्प, दशांगधूप, रक्तगंध, पूरी का नैवेद्य ।

14 चित्रा Chitra - Spica

आराध्य देव वृक्ष – बेल, बिल्वा, wood apple aegle marmelos

नक्षत्र देवता - त्वष्टा

नक्षत्र स्वामी ग्रह - मंगल (mars)

नक्षत्र तत्व - वायु

दान - दूध (milk)

नक्षत्र देवता मंत्र - ॐ त्वष्ट्रे नमः । ॐ विश्वकर्मणे नमः ।

बीज मंत्र -ॐ ह्रीँ श्रीँ ऊर्दुत्वजात्वैदी रतिदेवाय अग्नितत्वाय नमो नमः ।

वेदमंत्र - ॐ त्वष्टा तुरीपोऽअद्भुतऽइन्द्राग्नी पुष्टिवर्धना ।
द्विपदाच्छन्दऽइन्द्रियमुक्षा गौर्न वयो दधुः ॥

पौराणिक श्लोक –

त्वष्टारं रथमारूढं चित्रानक्षत्रदेवताम् ।
शंखचक्रान्वितकरं किरीटीनमहं भजे ॥

नक्षत्र नाम मंत्र - ॐ चित्रायै नमः ।

नक्षत्र देवता के उपचार - चित्रवस्त्र, चित्रपुष्प, सर्जर धूप, कुंकुमगंध, मोदक का नैवेद्य ।

Note – श्रीसुक्तम् का पाठ अवश्य करें । जिससे माँ लक्ष्मी की कृपा से अनन्त समृद्धि की प्राप्ति होती है ।

15 स्वाति Svati - Arcturus

आराध्य देव वृक्ष – अर्जुन, arjuna

terminalia arjuna

नक्षत्र देवता - वायु

नक्षत्र स्वामी ग्रह - राहु (rahu)

नक्षत्र तत्व - अग्नि

दान - गाय का घी (ghee)

नक्षत्र देवता मंत्र - ॐ वायवे नमः ।

बीज मंत्र -ॐ ह्रीँ श्रीँ त्वष्टातुरिया विश्वकर्मदेवाय अग्नितत्वाय नमो नमः ।

वेदमंत्र - ॐ वायो ये ते सहस्त्रिणो रथासस्तेभिरा गहि। नियुत्वान्त्सोमपीतये ॥

पौराणिक श्लोक –

वायुवरं मृगारूढं स्वाति नक्षत्रदेवताम् ।
खङ्ग चर्मोज्वलकरं धूम्रवर्ण नमाम्यहम् ॥

नक्षत्र नाम मंत्र - ॐ स्वात्यै नमः ।

नक्षत्र देवता के उपचार - कृष्णवस्त्र, माधवीपुष्प, कृष्णगरुधूप, कृष्णगरुगंध, दही का नैवेद्य ।

16 विशाखा Vishakha - Zubeneschamali

आराध्य देव वृक्ष – **कण्टाई**, governer's plum

flacourtia indica

नक्षत्र देवता - इन्द्राग्नी

नक्षत्र स्वामी ग्रह - गुरु (jupiter)

नक्षत्र तत्व - वायु

दान - गाय का घी या दूध (ghee or milk)

नक्षत्र देवता मंत्र - ॐ इन्द्राग्निभ्यां नमः ।

बीज मंत्र -ॐ ह्रीँ श्रीँ वायुदेवाय अग्नितत्वाय नमो नमः ।

वेद मंत्र -ॐ इन्द्राग्नीऽआगत॰ सुतं गीर्भिर्नमो वरेण्यम् ।

अस्य पातं धियोषिता उपयामगृहीतोऽसीन्द्राग्निभ्यां

त्वैष ते योनिरिन्द्राग्निभ्यां त्वा ॥

पौराणिक श्लोक -

इन्द्राग्निशुभदौ स्यातां विशाखा देवतेशुभे ।

नमोम्यै करथारूढौ वराभयकरांभुजौ ॥

नक्षत्र नाम मंत्र - ॐ विशाखाभ्यां नमः ।

नक्षत्र देवता के उपचार - रक्तवस्त्र, श्वेतपुष्प, कृष्णगरुधूप, अष्टगंध, पायसनैवेद्य ।

17 अनुराधा Anuradha - Pi Scorpii

आराध्य देव वृक्ष – बोरसली, मौलश्री, spanish cherry mimusops elengi

नक्षत्र देवता - मित्र

नक्षत्र स्वामी ग्रह - शनि (saturn)

नक्षत्र तत्व - पृथ्वी

दान - गाय का घी (ghee)

नक्षत्र देवता मंत्र - ॐ मित्राय नमः ।

बीज मंत्र -ॐ ह्रीँ श्रीँ इन्द्राग्निदेवाय अग्नितत्वाय नमो नमः ।

वेद मंत्र - ॐ नमो मित्रस्य वरुणस्य चक्षसे महो देवाय
तद्दतꣳ सपर्यत । दूरेद्दशे देवजाताय केतवे
दिवस्पुत्राय सूर्याय शꣳ सत ॥

पौराणिक श्लोक -

मित्रं पद्मासनारूढं अनुराधेश्वरं भजे ।
शूलां कुशलसद्बाहुं युग्मंशोणितवर्णकम् ॥

नक्षत्र नाम मंत्र - ॐ अनुराधाभ्यो नमः ।

नक्षत्र देवता के उपचार - रक्तवस्त्र, सुगंधितपुष्प, बिल्वधूप, कुंकुमगंध, बिल्वपत्र, कृषारान्ननैवेद्य ।

18 ज्येष्ठा Jyeshtha - Antares

आराध्य देव वृक्ष – **सांबर, सेमल,** silk cotton

bombax ceiba

नक्षत्र देवता - **इन्द्र**

नक्षत्र स्वामी ग्रह - **बुध** (mercury)

नक्षत्र तत्व - **पृथ्वी**

दान - **तिल** (sesame)

नक्षत्र देवता मंत्र - **ॐ इन्द्राय नमः । ॐ शक्राय नमः ।**

बीज मंत्र -**ॐ ह्रीं श्रीं इन्द्रदेवाय अग्नितत्वाय नमो नमः ।**

वेद मंत्र - **ॐ त्रातारमिन्द्रमवितारमिन्द्रꣳ हवेहवे सुहवꣳ**
शूरमिन्द्रम् । हुवे नु शक्रं पुरुहूतमिन्द्रꣳ स्वस्ति न
इन्द्रो मघवान्कृणोतु ॥

पौराणिक श्लोक -

श्वेतहस्तिनमारूढं वज्रांकुशलरत्करम् ।
सहस्त्रनेत्रं पीताभं इन्द्रं हृदि विभावये ॥

नक्षत्र नाम मंत्र - **ॐ ज्येष्ठायै नमः ।**

नक्षत्र देवता के उपचार - **पीतवस्त्र, लालकमलपुष्प,**
कर्पूरागरुधूप, श्रीगंध, चित्रोदननैवेद्य ।

19 मूल Mula – Theta Scorpii

आराध्य देव वृक्ष – राल, साल, common sal

shorea robusta gaertn

नक्षत्र देवता - निऋृति (राक्षस) नक्षत्र स्वामी ग्रह - केतु (ketu)

नक्षत्र तत्व - जल

दान - चांदी (silver)

नक्षत्र देवता मंत्र - ॐ निऋतये नमः ।

बीज मंत्र - ॐ ह्रीँ श्रीँ राक्षसाय अग्नितत्वाय नमो नमः ।

(or ॐ ह्रीँ श्रीँ मातापुत्राय अग्नितत्वाय नमो नमः ।)

वेद मंत्र - ॐ मातेव पुत्रं पृथिवी पुरीष्यमग्निꣳ स्वे
योनावभारुषा । तां विश्वैर्देवैर्ऋतुभिः संविदानः
प्रजापतिर्विश्वकर्मा विमुञ्चतु ॥

पौराणिक श्लोक -

खड्गखेटधरं कृष्णं यातुधानं नृवाहनम् ।
अर्ध्वकेशं विरुपाक्षं भजे मूलाधिदेवताम् ॥

नक्षत्र नाम मंत्र - ॐ मूलाय नमः ।

नक्षत्र देवता के उपचार - कृष्णवस्त्र, सरोजपुष्प, शृंगधूप, कृष्णागरुगंध, रक्तरसान्न (गुड+ओदन) नैवेद्य ।

20 पूर्वाषाढा Purva Ashadha - Kaus Australis

आराध्य देव वृक्ष – वेंत, slender rattan cane

calamus pseudotenuis

नक्षत्र देवता - जल (आपः)

नक्षत्र स्वामी ग्रह - शुक्र (venus)

नक्षत्र तत्व - जल

दान - गाय (cow)

नक्षत्र देवता मंत्र - ॐ अद्भ्यो नमः ।

बीज मंत्र -ॐ ह्रीँ श्रीँ श्रापोधर्माय जलदेवताय वायुतत्वाय नमो नमः ।

वेद मंत्र - ॐ अपाघमप किल्विषमप कृत्यामपो रपः ।
अपामार्ग त्वमस्मदप दुःष्वप्न्यꣳ सुव ॥

पौराणिक श्लोक -

आषाढदेवता नित्यमापः सन्तु शुभावहाः ।
समुद्र गास्तराड़ गिणोल्हादिन्यः सर्वदेहिनाम् ॥

नक्षत्र नाम मंत्र - ॐ पूर्वाषाढाभ्यां नमः ।

नक्षत्र देवता के उपचार - श्वेतवस्त्र, श्वेतकरवीरपुष्प, मनःशिशीलधूप, अष्टगंध, क्षीरान्ननैवेद्य ।

21 उत्तराषाढा Uttara Ashadha - Nunki

आराध्य देव वृक्ष – **फणस, कटहल** jackfruit

artocarpus heterophyllus

नक्षत्र देवता - **विश्वदेव**

नक्षत्र स्वामी ग्रह - **रवि** (sun)

नक्षत्र तत्व - **पृथ्वी**

दान - **भोजन** (food)

नक्षत्र देवता मंत्र - **ॐ विश्वेभ्यो देवेभ्यो नमः ।**

बीज मंत्र -**ॐ ह्रीँ श्रीँ विश्वदेवाय पृथ्वीतत्वाय नमो नमः ।**

वेद मंत्र - **ॐ विश्वेऽअद्य मरुतो विश्वऽऊती विश्वे भवन्त्यग्नयः**
समिद्धाः विश्वे नो देवाऽअवसागमन्तु विश्वमस्तु
द्रविणं वाजोऽअस्मे ।

पौराणिक श्लोक -

विश्वादेवान् अहं वंदेऽषाढनक्षत्रदेवताम् ।
श्रीपुष्टिकीर्तीधीदात्री सर्वपापानुमुक्तये ॥

नक्षत्र नाम मंत्र - **ॐ उत्तराषाढाभ्यां नमः ।**

नक्षत्र देवता के उपचार - **श्वेतवस्त्र, पञ्चवर्णपुष्प, उशीरधूप, गंध, पञ्चजक्ष नैवेद्य ।**

22 श्रवण Shravan - Altair

आराध्य देव वृक्ष – रुई , अर्क milk weed

calotropis gigantea

नक्षत्र देवता - विष्णु

नक्षत्र स्वामी ग्रह - चंद्र (moon)

नक्षत्र तत्व - पृथ्वी

दान - श्रीफल (coconut)

नक्षत्र देवता मंत्र - ॐ विष्णवे नमः ।

बीज मंत्र - ॐ ह्रीँ श्रीँ विष्णुदेवाय पृथ्वीतत्वाय नमो नमः ।

वेद मंत्र - ॐ विष्णोरराटमसि विष्णोः पृष्ठमसि विष्णोः
श्नप्त्रेस्थो विष्णोः स्यूरसि विष्णोर्ध्रुवमसि
वैष्णवमसि विष्णवे त्वा ॥

पौराणिक श्लोक -

शांताकारं चतुर्हस्तं श्रोणा नक्षत्रवल्लभम् ।
विष्णु कमलपत्राक्षं ध्यायेद् गरुडवाहनम् ॥

नक्षत्र नाम मंत्र - ॐ श्रवणाय नमः ।

नक्षत्र देवता के उपचार - कृष्णवस्त्र, कस्तुरीगंध, दशांगधूप, चंदनगंध, कर्पूर, कंकुम, तुलसी, क्षीरोदन नैवेद्य ।

23 धनिष्ठा Dhanishtha – Beta Delphini

आराध्य देव वृक्ष – शमी, खिजडो persian mesquite prosopis cineraria

नक्षत्र देवता - वसु

नक्षत्र स्वामी ग्रह - मंगल (mars)

नक्षत्र तत्व - पृथ्वी

दान - अश्व या बकरा (he-horse or he-goat)

नक्षत्र देवता मंत्र - ॐ वसुभ्यो नमः ।

बीज मंत्र -ॐ ह्रीँ श्रीँ पवित्राय पृथ्वीतत्वाय नमो नमः ।

वेद मंत्र - ॐ वसोः पवित्रमसि शतधारं वसोः पवित्रमसि
सहस्त्रधारम् । देवस्त्वा सविता पुनातु वसोः
पवित्रेण शतधारेण सुप्वा कामधुक्षः ॥

पौराणिक श्लोक –

श्राविष्ठादेवतां वंदे वसुन्वरधराश्रिताम् ।
शंखचक्रांकितरां किरीटांकितमस्तकाम् ॥

नक्षत्र नाम मंत्र - ॐ धनिष्ठायै नमः ।

नक्षत्र देवता के उपचार - श्वेतवस्त्र, श्वेतपत्र, शतपत्र पुष्प, गूगलधूप, चंदनगंध, पायस नैवेद्य ।

24 शतभिषा (शततारका) Shatabhisha - Sadachbia

आराध्य देव वृक्ष – **कदंब**, bur flower

neolamarckia cadamba

नक्षत्र देवता - **वरुण (इन्द्रदेव)** नक्षत्र स्वामी ग्रह - **राहु** (rahu)

नक्षत्र तत्व - **जल** दान - **भोजन तथा गुड़** (food and jaggery)

नक्षत्र देवता मंत्र - **ॐ वरुणाय नमः ।**

बीज मंत्र -**ॐ ह्रीँ श्रीँ वरुणोत्तमाय** (or **वरुसर्वोत्तमाय)**
पृथ्वीतत्वाय नमो नमः ।

वेद मंत्र - **ॐ वरुणस्योत्तम्भनमसि वरुणस्य**
स्कम्भसर्जनिस्थो वरुणस्यऽऋतसदन्यसि
वरुणस्यऽऋत सदनमसि वरुणस्यऽ
ऋतसदनमासीद ॥

पौराणिक श्लोक -

वरुणं सततं वंदे सुधाकलशधारीणम् ।
पाशहस्तं शतभिशग् देवतां देववंदीतम् ॥

नक्षत्र नाम मंत्र - **ॐ शतभिषजे नमः ।**

नक्षत्र देवता के उपचार - **श्वेतवस्त्र, जलजपुष्प, कर्पूरधूप, मलयजगंध, धृतान्न नैवेद्य ।**

25 पूर्वा भाद्रपदा Purva Bhadrapada - Scheat

आराध्य देव वृक्ष – **आम**, mango

mangifera indica

नक्षत्र देवता - **अजैक चरण**

नक्षत्र स्वामी ग्रह - **गुरु** (jupiter)

नक्षत्र तत्व - **अग्नि**

दान - **भोजन** (food)

नक्षत्र देवता मंत्र - **ॐ अजैकपदे नमः ।**

बीज मंत्र - **ॐ ह्रीं श्रीं अजैकचरणाय जलतत्वाय नमो नमः ।**

वेद मंत्र - **ॐ उत नोऽहिर्बुध्न्यः श्रृणोत्वजऽएकपात् पृथिवी समुद्रः । विश्वे देवाऽऋतावृधो हुवानाः स्तुता मन्त्राः कविशस्ताऽअवन्तु ॥**

पौराणिक श्लोक -

शिरसाऽहमजं वंदे ध्येकपादं तमोपहम् ।
मुदे प्रोष्ठपदेवानं सर्वदेवनमस्कृतम् ॥

नक्षत्र नाम मंत्र - **ॐ पूर्वाप्रोष्ठपद्भ्यां नमः ।**

नक्षत्र देवता के उपचार - **रक्तवस्त्र, अर्कपुष्प, दशौषधी धूप, कुंकुमगंध, धृत, गूगलधूप, दही-भात, गुड का नैवेद्य ।**

26 उत्तरा भाद्रपदा Uttara Bhadrapada- Algenib

आराध्य देव वृक्ष – **नीम**, margosa

azadirachta indica

नक्षत्र देवता - **अहिर्बुंधन्य**

नक्षत्र स्वामी ग्रह - **शनि** (saturn)

नक्षत्र तत्व - **जल**

दान - **अन्न** (grain)

नक्षत्र देवता मंत्र - **ॐ अहिर्बुध्न्याय नमः ।**

बीज मंत्र -**ॐ ह्रीं श्रीं अहिर्बुध्न्याय वायुतत्वाय नमो नमः ।**

वेद मंत्र - **ॐ शिवो नामासि स्वधितिस्ते पिता नमस्तेऽअस्तु मा मा हि॰ सीः । निवर्त्तयाम्यायुषेऽन्नाद्याय प्रजननाय रायस्पोषाय सुप्रजास्त्वाय सुवीर्याय ॥**

पौराणिक श्लोक -

अहिर्मे बुध्नियो भूयात् मुदे प्रोष्ठ पदेश्वरः ।
शंखचक्रांकीतकरः किरीटोज्वलमौलिमान् ॥

नक्षत्र नाम मंत्र - **ॐ उत्तरप्रोष्ठपदभ्यां नमः ।**

नक्षत्र देवता के उपचार - **श्वेतवस्त्र, शतपत्रपुष्प, गूगलधूप, अगरुगंध, गुड़ का नैवेद्य ।**

27 रेवती Revati – Zeta Piscium

आराध्य देव वृक्ष – मोहा, महुआ, indian butter tree

madhuca longifolia

नक्षत्र देवता - पूषा

नक्षत्र स्वामी ग्रह - बुध (mercury)

नक्षत्र तत्व - जल

दान - ज्ञानदान (education)

नक्षत्र देवता मंत्र - ॐ पूष्णे नमः ।

बीजमंत्र - ॐ ह्रीं श्रीं पूषन्तबव्रताय अग्नितत्वाय नमो नमः ।

वेद मंत्र - ॐ पूषन् तव व्रते वयं न रिषेभ्यः कदाचन ।
स्तोतारस्ते इहऽस्मसि ॥

पौराणिक श्लोक -

पूषणं सततं वंदे रेवतीशं समृद्धये ।
वराभयोज्वलकरं रत्नसिंहासने स्थितम् ॥

नक्षत्र नाम मंत्र - ॐ रेवत्यै नमः ।

नक्षत्र देवता के उपचार – पद्मरागवस्त्र, मंदारपुष्प, गूगलधूप, रक्तचंदनगंध, तिलोदननैवेद्य ।

नवग्रह मंत्र एवं ग्रहशांति के उपाय

1. सूर्य (रवि)	ॐ ह्रॉं ह्रीं ह्रौं सः सूर्याय नमः ।
बीज मंत्र	ॐ ह्रीं सूर्याय नमः ।
पौराणिक श्लोक	ह्रीं जपाकुसुम संकाशं काश्यपेयं महाद्युतिम् । तमोरिं सर्वपापघ्नं प्रणतोऽस्मि दिवाकरम् ॥१ ह्रीं ग्रहाणामादिरादित्यो लोकरक्षणकारकः । विषमस्थान संभूतां पीडां हरतु मे रविः ॥२
वैदिक मंत्र	ॐ आकृष्णेन रजसा वर्तमानो निवेशयन्नमृतं मर्त्यं च । हिरण्य येन सविता रथेना देवो याति भुवनानि पश्यन् ॥
जप संख्या	7000 x 4 = 28000 समय - प्रातः काल (ब्रह्ममुहूर्त)
दान	अन्न - गेहूं , गुड़ , धातु - तांबा , सोना, रत्न – माणिक (ruby) अन्य – गाय, वस्त्र - एक जोड़ा लालवस्त्र ।
ग्रहशांति के उपाय	सूर्य उपासना , सूर्यदेव को अर्घ्य , आदित्यहृदय स्तोत्र , सूर्यकवच , गायत्री जप तथा सूर्य मंत्र से सिद्ध करके माणिकरत्न (ruby) धारण करना चाहिए । पितृ सेवा करें ।
आराध्य वृक्ष उपासना	रविवार को गूलर / पीपल अथवा कटहल वृक्ष को जल पिलाएं एवं उस वृक्ष की प्रदक्षिणा करें । शक्य हो तो उस वृक्ष के नीचे बैठकर सूर्य के मंत्र का जाप करें ।

2. चंद्र (सोम)	ॐ श्राँ श्रीँ श्रौँ सः चंद्रमसे नमः । (चंद्राय)
बीज मंत्र	ॐ सौँ सोमाय नमः । ॐ ऐँ क्लीँ सोमाय नमः ।
पौराणिक श्लोक	ह्रीँ दधिशंखतुषाराभं क्षीरोदार्णव संभवम् । नमामि शशिनं सोमं शंभोर्मुकुटभूषणम् ॥१ ह्रीँ रोहिणीशः सुधामूर्तिः सुधागात्रः सुधाशनः । विषमस्थानसंभूतां पीडां हरतु मे विधुः ॥२
वैदिक मंत्र	ॐ इमन्देवाऽअसपत्कनꣳ सुवद् ध्वम्महतेक्षत्राय महते । ज्यैष्ठ्याय महते जानराज्यायेन्द्रस्येन्द्रियाय ॥ इमममुष्यपुत्रममुष्यै पुत्रमस्यै विशऽएषवोमी राजा । सोमोऽस्माकं ब्राह्मणानां राजा ॥
जप संख्या	11000 x 4 = 44000 समय – संध्या काल (रात्री)
दान	अन्न - चावल , मिश्री , धातु - चांदी , श्वेतचंदन , रत्न - चंद्रमोती (pearl), अन्य - कर्पूर , शंख , श्वेतपुष्प , श्वेतबैल , वस्त्र - एक जोड़ा श्वेतवस्त्र ।
ग्रहशांति के उपाय	शिव उपासना , शिव स्तुति , सोमवार का व्रत तथा चंद्र के मंत्र से सिद्ध करके मोती धारण करना चाहिए एवं मातृ सेवा करनी चाहिए । रात को सिरहाने कच्चा दूध या जल रख कर उसे सुबह बरगद के पेड़ पर चढाएं ।
आराध्य वृक्ष उपासना	सोमवार को जामुन/जाई अथवा अर्क वृक्ष को जल पिलाएं एवं वृक्ष की प्रदक्षिणा करें। शक्य हो तो वृक्ष के नीचे बैठकर चंद्र के मंत्र का जाप करें।

3. मंगल (भौम) ॐ क्राँ क्रीँ क्रौँ सः भौमाय नमः ।

बीज मंत्र ॐ अंगारकाय नमः ।

पौराणिक श्लोक ह्रीँ धरणीगर्भ संभूतं विद्युत्कांति समप्रभम् ।
कुमारं शक्तिहस्तं तं मंगलं प्रणाम्यहम् ॥१
ह्रीँ भूमिपुत्रो महातेजा जगतां भयकृत् सदा ।
वृष्टिकृत् वृष्टिहर्ता च पीडां हरतु मे कुजः ॥२

वैदिक मंत्र ॐ अग्निर्मूर्द्धा दिवः ककुत्पत्तिः पृथिव्याऽअयम् ।
अपांᳪ रेताᳪ सि जिवन्ति ॥

जप संख्या 10000 x 4 = 40000, समय – प्रातःकाल (सुबह 8:00 बजे)

दान अन्न - गेहूं , गुड़ , मसूर की दाल , धातु - तांबा , सोना , रक्तचंदन , रत्न - मूंगा (red coral), अन्य - रक्तपुष्प , कस्तुरी (musk), भूमी वस्त्र - एक जोड़ा रक्तवस्त्र ।

ग्रहशांति के उपाय हनुमान उपासना , हनुमान चालीसा , मंगलवार का व्रत , मंगलस्तोत्र का पाठ, मंगलवार को सुंदरकाण्ड पाठ , तथा लाल मूंगा (red coral) धारण करना चाहिए एवं भाईबंधु की सेवा करनी चाहिए । किसी को 40 दिन मीठा लगातार खिलाएं । पताशे बहते जल में डालें ।

आराध्य वृक्ष उपासना मंगलवार को खैर/बेल अथवा शमी वृक्ष को जल पिलाएं एवं वृक्ष की प्रदक्षिणा करें । शक्य हो तो वृक्ष के नीचे बैठकर मंगल के मंत्र का जाप करें । बेल के पेड़ के नीचे बैठकर श्रीसुक्तम् का पाठ अवश्य करें जिससे माँ लक्ष्मी की कृपा से अनन्त समृद्धि की प्राप्ति होती है ।

4. बुध ॐ ब्राँ ब्रीँ ब्रौं सः बुधाय नमः ।

बीज मंत्र ॐ बुं बुधाय नमः ।

पौराणिक श्लोक ह्रीँ प्रियंगुकलिकाश्यामं रुपेणाप्रतिमं बुधम् ।
सौम्यं सौम्यगुणोपेतं तं बुधं प्रणमाम्यहम् ॥१
ह्रीँ उत्पातरूपो जगतां चंद्रपुत्रो महाद्युतिः ।
सूर्य प्रीतिकरो विद्वान् पीडां हरतु मे बुधः ॥२

वैदिक मंत्र ॐ उद् बुध्यस्वाग्ने प्रतिजागृहित्वम् इष्टापूर्ते स॰ सृजेथा मयञ्च । अस्मिन् स्सधस्थेऽ अध्युत्तरस्मिन् विश्वेदेवा यजमानश्च सीदत ॥

जप संख्या 9000 x 4 = 36000 समय - दिन में पांच घडी (5x24min) बाकी हो तब (सूर्यास्त से 2 घण्टे पहले)

दान अन्न - मूंगदाल, मटर, हराफल, धातु - पित्तल, षडरस, भोजन, घी, रत्न - पन्ना (emerald), अन्य - हाथीदांत, कर्पूर, शस्त्र, वस्त्र - एक जोड़ा हरावस्त्र

ग्रहशांति के उपाय विष्णु उपासना, भगवद्गीता का पाठ, अमावस्या का व्रत, बुधस्तोत्र का पाठ, बुधवार को हरावस्त्र शिव को चढाएं एवं तेल का दीप जलाएं । हरा चारा गाय को खिलाएं । फिटकरी के जल से कुल्ला करें, दांत साफ करें, हरे कपड़े कन्या को दें एवं उसका आशीर्वाद लें, बहन की सेवा करें।

आराध्य वृक्ष उपासना बुधवार को सांबर / महुआ अथवा नागचम्पा वृक्ष को जल पिलाएं एवं वृक्ष की प्रदक्षिणा करें । शक्य हो तो वृक्ष के नीचे बैठकर बुध के मंत्र का जाप करें ।

5.गुरु(बृहस्पति) ॐ ग्राँ ग्रीँ ग्रौँ सः गुरवे नमः ।

बीज मंत्र ॐ ब्रँ बृहस्पतये नमः ।

पौराणिक श्लोक ह्रीँ देवानांच ऋषीनांच गुरूं कांचन सन्निभम् ।
बुद्धिभूतं त्रिलोकेशं तं नमामि बृहस्पतिम् ॥१
ह्रीँ देवमंत्री विशालाक्षः सदा लोकहिते रतः ।
अनेक शिष्यसंयुक्तः पीडां हरतु मे गुरुः ॥२

वैदिक मंत्र बृहस्पतेऽअतियदर्योऽअर्हाद्युमद्विभाति क्रतुमज्जनेषु । यद्दिदयच्छवसऽऋत प्रजा ततदस्मासु द्रविणं धेहि चित्रम् ॥

जप संख्या 19000 x 4 = 76000, समय - सायंकाल evening

दान अन्न - पीलाअन्न, चने की दाल, नमक, मिशरी, शहद, हल्दी, घी, पीलाफल(केला), धातु - सुवर्ण, रत्न - पुखराज (topaz), अन्य – पुस्तक, वस्त्र – एक जोड़ा पीतवस्त्र

ग्रहशांति के उपाय ब्रह्माजी की पूजा, गुरुवार एवं अमावस्या का व्रत, गुरुस्तोत्र का पाठ_। हल्दीकेसर का तिलक मस्तक पर रोज लगाएं, गुरु के मंत्र से सिद्ध करके पुखराज रत्न (topaz) धारण करना चाहिए एवं बडे-बुजुर्ग एवं गुरु की सेवा करनी चाहिए ।

आराध्य वृक्ष उपासना गुरुवार को पीपल / आम अथवा बांस वृक्ष को जल पिलाएं एवं वृक्ष की प्रदक्षिणा करें । पीपल या केले के वृक्ष को दूध, जल, हल्दी तथा चने की दाल - गुड़ आदि चढाके दीप प्रज्वलित करें । शक्य हो तो वृक्ष के नीचे बैठकर गुरु के मंत्र का जाप करें ।

6. शुक्र ॐ द्रॉं द्रीं द्रौं सः शुक्राय नमः ।

बीज मंत्र ॐ ह्रीं श्रीं शुक्राय नमः ।

पौराणिक श्लोक ह्रीं हिमकुंद मृणालाभं दैत्यानां परमं गुरूम् ।
सर्वशास्त्र प्रवक्तारं भार्गवं प्रणमाम्यहम् ॥१
ह्रीं दैत्यमंत्री गुरुस्तेषां प्राणदश्च महामतिः ।
प्रभुस्तारा ग्रहाणाञ्च पीडां हरतु मे भृगुः ॥२

वैदिक मंत्र ॐ अन्नात्परिस्त्रुतो रसं ब्रह्मणा व्यपिबत् क्षत्रंपयः प्रजापतिः। ऋतेन सत्यमिन्द्रियं बिपान॑शुक्रमन्धसऽइन्द्रस्येन्द्रियमिदं पयोऽमृतं मधु ॥

जप संख्या 16000 x 4 = 64000, **समय** - सूर्योदय sunrise

दान **अन्न** – चावल, घी, दही, मिश्री, **धातु** – चांदी, सुवर्ण, श्वेतचंदन, **रत्न** - हीरा (diamond), **अन्य** – श्वेतपुष्प, श्वेतअश्व, श्वेतगाय, भूमी, **वस्त्र** – एक जोड़ा श्वेतवस्त्र

ग्रहशांति के उपाय लक्ष्मी की पूजा, शुक्रवार का व्रत, शुक्रस्तोत्र का पाठ । शुक्र के मंत्र से सिद्ध करके हीरा (diamond) धारण करना चाहिए एवं स्त्री का आदर करना चाहिए । श्वेतघोडा अथवा श्वेतगाय को ज्वार खिलाना चाहिये। श्वेतगाय को नियमित रूपसे खाना खिलाएं तथा सेवा करें।

आराध्य वृक्ष उपासना शुक्रवार को वेंत / आंवला अथवा पलाश वृक्ष को जल पिलाएं एवं वृक्ष की प्रदक्षिणा करें । शक्य हो तो वृक्ष के नीचे बैठकर शुक्र के मंत्र का जाप करें ।

7. शनि — ॐ प्राँ प्रीँ प्रौँ सः शनैश्चराय नमः ।

बीज मंत्र — ॐ शँ शनैश्चराय नमः ।

पौराणिक श्लोक — ह्रीँ नीलांजन समाभासं रविपुत्रं यमाग्रजम् ।
छायामार्तंड संभूतं तं नमामि शनैश्चरम् ॥१
ह्रीँ सूर्यपुत्रो दीर्घदेहो विशालाक्षः शिवप्रियः ।
मंदाचारः प्रसन्नात्मा पिडां हरतु मे शनिः ॥२

वैदिक मंत्र — ॐ शन्नोदेवीरभिष्टयऽआपो भवन्तु पीतये ।
शंय्योरभिस्स्रवन्तु नः ॥

जप संख्या — 23000 x 4 = 92000, समय - संध्याकाल sunset

दान — अन्न – काला तिल, उडद, सरसों का तेल, धातु – लोहा, रत्न - नीलम (sapphire), अन्य – भैंस, कालीगाय, कस्तुरी, चप्पल-जूता, वस्त्र – एक जोड़ा कालावस्त्र

ग्रहशांति के उपाय — शिव उपासना, हनुमान उपासना, महामृत्युंजय जप, शनिवार का व्रत, शनिस्तोत्र का पाठ । शनिवार को हनुमान चालीसा एवं सुंदरकांड का पाठ करें । शनिदेव को सरसों का तेल चढाएं । शनि के मंत्र से सिद्ध करके नीलम रत्न (sapphire) धारण करना चाहिए । मजदूर की मदद करनी चाहिए । शनिवार को गुड तथा गेहूं के आटे का मिश्रण चींटिओं को खिलाएं ।

आराध्य वृक्ष उपासना — शनिवार को पीपल / नीम अथवा मौलश्री वृक्ष को जल पिलाएं , पेड़ के नीचे सरसोंतेल का दीप जलाएं एवं वृक्ष की प्रदक्षिणा करें । शक्य हो तो वृक्ष के नीचे बैठकर शनि के मंत्र का जाप करें ।

8. राहु ॐ भ्राँ भ्रीँ भ्रौँ सः राहवे नमः ।

बीज मंत्र ॐ राँ राहवे नमः ।

पौराणिक श्लोक ह्रीँ अर्धकायं महावीर्यं चंद्रादित्य विमर्दनम् ।
सिंहिकागर्भसंभूतं तं राहुं प्रणमाम्यहम् ॥१
ह्रीँ महाशिरो महावक्त्रो दीर्घदंष्ट्रो महाबलः ।
अतनुश्चोर्ध्वकेशश्च पीडां हरतु मे तमः ॥२

वैदिक मंत्र ॐ कयानश्चित्रऽआभुवदूती सदावृधः सखा ।
कयाशचिष्ठ्यावृता ॥

जप संख्या 18000 x 4 = 72000, समय – रात्री nighttime

दान अन्न तिल, सप्तधान्य, उडद, सरसों, नारीयल, धातु – कोयला, ताम्रपत्र, रत्न गोमेद (hessonite), अन्य चाबी से चलनेवाले खिलौने, वस्त्र एक जोड़ा कालावस्त्र, कंबल

ग्रहशांति के उपाय शिव उपासना, हनुमान उपासना, महामृत्युंजय जप, राहुस्तोत्र का पाठ । शनिवार को हनुमान चालीसा एवं सुंदरकांड का पाठ करें । राहु के मंत्र से सिद्ध करके गोमेद (hessonite) धारण करना चाहिए । सफाई-कर्मचारी की मदद करनी चाहिए । चांदी के गहने पहने । नदी या समुद्र में नारीयल/आईना प्रवाहित करें । नारीयल राहु का प्रतिनिधित्व करता है, इसलिए देवी-देवताओं को चढाया जाता है । नदी में लकड़ी का कोयला तथा पैसा प्रवाहित करें । बुधवार को 400gm धनिया जल में प्रवाहित करें । शनिवार को कोयला, तिल, नारीयल, कच्चा दूध, हरी घास, जौं, तथा तांबा नदी में प्रवाहित करें।

आराध्य वृक्ष उपासना अर्जुन / कृष्णगरु अथवा कदंब वृक्ष को जल पिलाएं , पेड़ के नीचे सरसोंतेल का दीप जलाएं एवं वृक्ष की प्रदक्षिणा करें । शक्य हो तो वृक्ष के नीचे बैठकर राहु के मंत्र का जाप करें ।

9. केतु ॐ स्राँ स्रीँ स्रौँ सः केतवे नमः ।

बीज मंत्र ॐ कँ केतवे नमः ।

पौराणिक श्लोक ह्रीँ पलाशपुष्पसंकाशं तारकाग्रह मस्तकम् ।
रौद्रंरौद्रात्मकं घोरं तं केतुं प्रणमाम्यहम् ॥१
ह्रीँ अनेकरूप वर्णैश्च शतशोऽथ सहस्रशः ।
उत्पातरूपो जगतां पीडां हरतु मे शिखी ॥२

वैदिक मंत्र ॐ केतुं कृण्वन्न केतवे पेशोमर्य्याऽअपेशसे।
समुषद्भि रजाय थाः ॥

जप संख्या 17000 x 4 = 68000, समय – रात्री nighttime

दान अन्न – तिल, धातु – शस्त्र, रत्न - वैदूर्य मणि (लहसुनिया) (cat's eye), अन्य – कस्तुरी, हरापुष्प, कपिला गाय, पतंग और फिरकी, वस्त्र – कंबल, एक जोड़ा वस्त्र

ग्रहशांति के उपाय शिव उपासना, गणेश उपासना, वायव्यदिशा में महामृत्युंजय जप, केतुस्तोत्र का पाठ। केतु के मंत्र से सिद्ध करके लहसुनिया (cat's eye) धारण करना चाहिए। मंदिर पर ध्वजा चढाएं। सफेद-काला कंबल मंदिर में रविवार को सूर्योदय से पहले दान करें। कानो में सुवर्ण पहने। कुत्तों कों खाना खिलाएं एवं सेवा करे।

आराध्य वृक्ष उपासना कुचला / बरगद अथवा राल वृक्ष को दूध+जल पिलाएं, पेड़ के नीचे सरसोंतेल का दीप जलाएं एवं वृक्ष की प्रदक्षिणा करें। शक्य हो तो वृक्ष के नीचे बैठकर केतु के मंत्र का जाप करें। यदि बुधवार को केतु का नक्षत्र हो, उस दिन को केले का पेड़ बोना चाहिए जिससे संतान एवं समृद्धि की प्राप्ती होती है।

Note:

कोई भी जातक की कुण्डली-दोष निवारण हेतु उनके ग्रह को मजबूत करने के उपाय रूप में उनको - ग्रह का जप करके सिद्ध किये हुए रत्न को धारण करना चाहिये, एवं यथाशक्ति दान करना चाहिये । इसके सामान्य नियम यहां बता रहे हैं । यह माहिती सार्वजनिक है । किन्तु जातक को स्वमनन करके या अनुभवी विद्वान से मार्गदर्शन लेकर ही रत्नधारण करना चाहिये । क्योंकि कई बार बिना विचार सामान्यतः रत्न धारण करने की सलाह दी जाती है, जिससे रत्न धारणकर्ता को लाभ के बदले हानी भी हो सकती है । एक साथ 2-3 रत्न धारण करने से रत्नों की परस्पर-विरोधी ऊर्जा उत्पन्न हो सकती है । इसलिये पूजामंत्र व्रतनियम विधी मार्गदर्शन के अनुसार चलना हितावह है ।

अपना रत्न निम्न रत्नों के साथ धारण न करें ।

रत्न	**एक साथ निषेधरत्न**
1 माणिक	हीरा-गोमेद-नीलम-लहसुनिया
2 मोती	पन्ना-नीलम-लहसुनिया-गोमेद-हीरा
3 लाल मूंगा	हीरा-पन्ना-गोमेद-लहसुनिया
4 पन्ना	मोती-लाल मूंगा
5 पुखराज	नीलम-लहसुनिया-गोमेद-हीरा
6 हीरा	मोती-माणिक-लाल मूंगा
7 नीलम	मोती-माणिक-पुखराज
8 गोमेद	लाल मूंगा-माणिक-पुखराज-लहसुनिया
9 लहसुनिया	पुखराज-मोती-लाल मूंगा-माणिक

ऊर्जा के सिद्धांत अनुसार परस्पर-विरोधि रत्न धारण करने से विरोधि ऊर्जा उत्पन्न होती है जो हानिकारक है ।

रत्न धारण करने से रोग शमन

क्रम०	ग्रह	रत्न	रोग शमन
1	सूर्य	माणिक	अस्थिविकार, श्लेष्मा, शिरोरोग, दौर्बल्य
2	चंद्र	मोती	क्रोध, अनिद्रा, मानसिकविकार, दन्तरोग, कैंसर, मूत्ररोग
3	मंगल	लाल मूंगा	नेत्ररोग, रजोदोष, हरस,आमाशयरोग, पित्त, पथरी, वातरोग, कुष्ट
4	बुध	पन्ना	स्मरणशक्ति, पेप्टिक अल्सर, सिरदर्द
5	गुरु	पुखराज	अजीर्ण,आंत्रदोष,प्रदर,कैंसर,आमवात, अलसर, नेत्रविकार
6	शुक्र	हीरा	रक्तदोष, कैंसर, सूजन, वीर्यदोष, प्रमेह, बेरीबेरी, गर्भाशयविकार
7	शनि	नीलम	हरस, पक्षाघात, वातरोग, हिस्टेरिया, धनुर, हर्निया, शोथ
8	राहु	गोमेद	हरस, कोलेरा, रक्तदोष, शूल, फाइलेरिया, हाथीपग
9	केतु	लहसुनिया	विष, रक्त-अल्पता, अंडकोषरोग, रमोलपोक्ष

रत्नधारण करने के साथ साथ योग्य औषध के प्रयोग से रोग शीघ्र नाबुद होते हैं । औषध के लिये हमारी प्रकाशित पुस्तक “नक्षत्र वन उपासना तथा वैदिक पद्धति” से मार्गदर्शन ले सकते हैं ।

ग्रह गायत्री

ग्रह	ग्रह गायत्री
1 सूर्य	आदिदेवाय विद्महे प्रभाकराय धीमहि तन्नः सूर्य प्रचोदयात् ।
2 चंद्र	सोमराजाय विद्महे महाराजाय धीमहि तन्नो चंद्र प्रचोदयात् ।
3 मंगल	अंगारकाय विद्महे शक्तिहस्ताय धीमहि तन्नो भौमः प्रचोदयात् ।
4 बुध	सोमोतपन्नाय विद्महे खड्गहस्ताय धीमहि तन्नो बुध प्रचोदयात् ।
5 गुरु	आंगीरसाय विद्महे दंडहस्ताय धीमहि तन्नो गुरु प्रचोदयात् ।
6 शुक्र	भृगुराजाय विद्महे दिव्यदेवाय धीमहि तन्नः शुक्र प्रचोदयात् ।
7 शनि	कृष्णरूपाय विद्महे त्रिशूलहस्ताय धीमहि तन्नः शनि प्रचोदयात् ।
8 राहु	सैंहिकराय विद्महे उग्ररूपाय धीमहि तन्नो राहु प्रचोदयात् ।
9 केतु	सैंहिकराय विद्महे गबंदरूपाय धीमहि तन्नो केतु प्रचोदयात् ।

ग्रह होम जप कोष्ठक

ग्रह	मंत्र जप	हवन समिधा	जप संख्या	दशा वर्ष
1 सूर्य	ॐ ह्राँ ह्रीँ ह्रौँ सः सूर्याय नमः ।	अर्क (रुई)	7000 x4 = 28000	6 वर्ष
2 चंद्र	ॐ श्राँ श्रीँ श्रौँ सः चंद्रमसे नमः ।	पलाश	11000x4 = 44000	10 वर्ष
3 मंगल	ॐ क्राँ क्रीँ क्रौँ सः भौमाय नमः ।	खैर	10000 x4= 40000	7 वर्ष
4 बुध	ॐ ब्राँ ब्रीँ ब्रौं सः बुधाय नमः ।	अपामार्ग	4000 x4 = 16000	17 वर्ष
5 गुरु	ॐ ग्राँ ग्रीँ ग्रौँ सः गुरवे नमः ।	पीपल	19000 x4= 76000	16 वर्ष
6 शुक्र	ॐ द्राँ द्रीँ द्रौँ सः शुक्राय नमः ।	गूलर	16000 x4= 64000	20 वर्ष
7 शनि	ॐ प्राँ प्रीँ प्रौँ सः शनैश्चराय नमः ।	शमी	23000 x4= 92000	19 वर्ष
8 राहु	ॐ भ्राँ भ्रीँ भ्रौँ सः राहवे नमः ।	दुर्वा	18000 x4= 72000	18 वर्ष
9 केतु	ॐ स्राँ स्रीँ स्रौँ सः केतवे नमः ।	दर्भ (कुशा)	17000 x4= 68000	7 वर्ष

नवग्रह रत्न व वस्त्र दान, दानपात्र एवं दानसमय कोष्ठक

ग्रह	रत्न	दान किसको दें	दान समय	ग्रह रंग (वस्त्र)
1 सूर्य	माणिक	ज्ञानी ब्राह्मण	रविवार दोपहर	लाल
2 चंद्र	मोती	नवयौवना	सोमवार पूनम /एकादशी दोपहर	सफेद
3 मंगल	लाल मूंगा	क्षत्रीय नवयुवक	मंगलवार दोपहर	लाल
4 बुध	पन्ना	आहीर कन्या	बुधवार सायंकाल	हरा
5 गुरु	पुखराज	कर्मकाण्डि ब्राह्मण / ज्योतिषि	गुरुवार सुबह	पीला
6 शुक्र	हीरा	सुंदर नवयौवना	शुक्रवार सायंकाल	सफेद
7 शनि	नीलम	वृद्ध / निर्धन / अपंग	शनिवार सायंकाल	काला
8 राहु	गोमेद	जिसे कोढ़ हो	शनिवार सायंकाल	लाल
9 केतु	लहसुनिया	जटाधारि नवयुवन साधु	बुधवार सायंकाल	हलका पीला

ग्रह स्तोत्रम्

१ सूर्यस्तोत्रम्

नवग्रहाणां सर्वेषां सूर्यादीनां पृथक्पृथक् ।
पीडां च दुःखहा राजन् जायते सततं नृणाम् ॥१
पीडानाशाय राजेन्द्र नामानि श्रृणु भास्वतः ।
सूर्यादीनां च सर्वेषां पीडां नश्यति श्रृण्वतः ॥२
आदित्यः सविता सूर्यः पूषाऽर्कः शीघ्रतो रविः ।
भगस्त्वष्टाऽर्यमा हंसो हेलिस्तेजो निधिर्हरिः ॥३
दिनानाथो दिनकरः सप्तसप्तिः प्रभाकरः ।
विभावसुर्वेदकर्ता वेदांगो वेदवाहनः ॥४
हरिदश्वः कालवक्त्रः कर्मसाक्षी जगत्पतिः ।
पद्मिनीबोधको भानुर्भास्करः करुणाकरः ॥५
द्वादशात्मा विश्वकर्मा लोहिताङ्गस्तमोनुदः ।
जगन्नाथोऽरविन्दाक्षः कालात्मा कश्यपात्मजः ॥६
भूताश्रयो ग्रहपतिः सर्वलोकनमस्कृतः ।
जपाकुसुमसङ्काशो भास्वानदितिनन्दनः ॥७
ध्वान्तेभसिंहः सर्वात्मा लोकनेत्रो विकर्तनः ।
मार्तण्डो मिहिरः सूरस्तपनो लोकतापनः ॥८
जगत्कर्ता जगत्साक्षी शनैश्चरपिता जयः ।
सहस्त्ररश्मिस्तरणिर्भगवान्भक्तवत्सलः ॥९
विवस्वानादिदेवश्च देवदेवो दिवाकरः ।
धन्वन्तरिर्व्याधिहर्ता दद्रुकुष्ठविनाशकः ॥१०
चराचरात्मा मैत्रेयोऽमितो विष्णुर्विकर्तनः ।
लोकशोकापहर्ता च कमलाकर आत्मभूः ॥११

नारायणो महादेवो रुद्रः पुरुष ईश्वरः ।
जीवात्मा परमात्मा च सूक्ष्मात्मा सर्वतोमुखः ॥ १२
इन्द्रोऽनलो यमश्चैव नैर्ऋतो वरुणोऽनिलः ।
श्रीद ईशान इन्दुश्च भौमः सौम्यो गुरुः कविः ॥ १३
शौरिर्विधुन्तुदः केतुः कालः कालात्मको विभुः ।
सर्वदेवमयो देवः कृष्णः कामप्रदायकः ॥ १४
य एतैर्नामभिर्मर्त्यो भक्त्या स्तौति दिवाकरम् ।
सर्वपापविनिर्मुक्तः सर्वरोगविवर्जितः ॥ १५
पुत्रवान् धनवान् श्रीमाञ्जायते स न संशयः ।
रविवारे पठेद्यस्तु नामान्येतानि भास्वतः ॥ १६
पीडाशान्तिर्भवेत्तस्य ग्रहाणां च विशेषतः ।
सद्यः सुखमवाप्नोति चायुर्दीर्घं च नीरुजम् ॥ १७
॥ इति श्रीभविष्यपुराणे आदित्यस्तोत्रं सम्पूर्णम् ॥

२ चन्द्रस्तोत्रम्

चन्द्रस्य श्रृणु नामानि शुभदानि महीपते ।
यानि श्रुत्वा नरो दुःखान्मुच्यते नात्र संशयः ॥ १
सुधाकरश्च सोमश्च ग्लौरब्जः कुमुदप्रियः ।
लोकप्रियः शुभ्रभानुश्चन्द्रमा रोहिणीपतिः ॥ २
शशीहिमकरो राजा द्विजराजो निशाकरः ।
आत्रेय इन्दुः शीतांशुरोषधीशः कलानिधिः ॥ ३
जैवातृको रमाभ्राता क्षीरोदार्णवसम्भवः ।
नक्षत्रनायकः शम्भुः शिरश्चूडामणिर्विभुः ॥ ४
तापहर्ता नभोदीपो नामान्येतानि यः पठेत् ।
प्रत्यहं भक्तिसंयुक्तस्तस्य पीडां विनश्यति ॥ ५

तद्दिने च पठेद्यस्तु लभेत्सर्वं समीहितम् ।
ग्रहादीनां च सर्वेषां भवेच्चन्द्रबलं सदा ॥ ६

॥ इति श्रीचन्द्राष्टाविंशतिनामस्तोत्रं सम्पूर्णम् ॥

३ मङ्गलस्तोत्रम्

मङ्गलो भूमिपुत्रश्च ऋणहर्ता धनप्रदः ।
स्थिरासनो महाकायःसर्वकामविरोधकः ॥१
लोहितो लोहिताक्षश्चसामगानां कृपाकरः ।
धरात्मजः कुजो भौमोभूतिदो भूमिनन्दनः ॥२
अङ्गारको यमश्चैवसर्वरोगापहारकः ।
वृष्टेः कर्ताऽपहर्ता चसर्वकामफलप्रदः ॥३
एतानि कुजनामानि नित्यं यः श्रद्धया पठेत् ।
ऋणं न जायते तस्यधनं शीघ्रमवाप्नुयात् ॥४
धरणीगर्भसम्भूतं विद्युत्कान्तिसमप्रभम् ।
कुमारं शक्तिहस्तं च मङ्गलं प्रणमाम्यहम् ॥५
स्तोत्रमङ्गारकस्यैतत्पठनीयं सदा नृभिः ।
न तेषां भौमजा पीडास्वल्पापि भवति क्वचित् ॥६
अङ्गारक महाभागभगवन् भक्तवत्सल ।
त्वां नमामि मम अशेषमृणमाशु विनाशयः ॥७
ऋणरोगादिदारिद्रयंये चान्ये चापमृत्यवः ।
भयक्लेशमनस्तापानश्यन्तु मम सर्वदा ॥८
अतिवक्रदुराराभोगमुक्तजितात्मनः ।
तुष्टो ददासि साम्राज्यंरुष्टो हरसि तत्क्षणात् ॥९
विरञ्चि शक्रविष्णूनांमनुष्याणां तु का कथा ।
तेन त्वं सर्वसत्वेनग्रहराजो महाबलः ॥१०

पुत्रान्देहि धनं देहित्वामस्मि शरणं गतः ।
ऋणदारिद्र्यदुःखेनशत्रुणां च भयात्ततः ॥११

एभिर्द्वादशभिः श्लोकैर्यःस्तौति च धरासुतम् ।
महतीं श्रियमाप्नोति ह्यपरो धनदो युवा ॥१२

॥ इति श्रीस्कन्दपुराणे भार्गवप्रोक्तं ऋणमोचन मंगल स्तोत्रम् सम्पूर्णम् ॥

४ बुधस्तोत्रम्

बुधो बुद्धिमतां श्रेष्ठो बुद्धिदाता धनप्रदः ।
प्रियङ्गुकलिकाश्यामः कुञ्जनेत्रो मनोहरः ॥ १

ग्रहोपमो रौहिणेयो नक्षत्रेशो दयाकरः ।
विरुद्धकार्यहन्ता च सौम्यो बुद्धिविवर्धनः ॥ २

चन्द्रात्मजो विष्णुरूपी ज्ञानी ज्ञो ज्ञानिनायकः ।
ग्रहपीडाहरो दारपुत्रधान्यपशुप्रदः ॥ ३

लोकप्रियः सौम्यमूर्तिगुणदो गुणिवत्सलः ।
पञ्चविंशतिनामानि बुधस्यैतानि यः पठेत् ॥ ४

स्मृत्वा बुधं सदा तस्य पीडा सर्वा विनश्यति ।
तद्दिने वा पठेद्यस्तु लभते स मनोगतम् ॥ ५

॥ इति श्रीपद्मपुराणे बुधपञ्चविंशतिनामस्तोत्रं सम्पूर्णम् ॥

५ बृहस्पतिस्तोत्रम्

गुरुर्बृहस्पतिर्जीवः सुराचार्यो विदांवरः ।
वागीशो धिषणो दीर्घश्मश्रुः पीताम्बरो युवा ॥ १

सुधादृष्टिर्ग्रहाधीशो ग्रहपीडापहारकः ।
दयाकरः सौम्यमूर्तिः सुरार्च्यः कुङ्मलद्युतिः ॥ २

लोकपूज्यो लोकगुरुर्नीतिज्ञो नीतिकारकः ।

तारापतिश्चाङ्गिरसो वेदवेद्यः पितामहः ॥ ३

भक्त्या बृहस्पतिं स्मृत्वा नामान्येतानि यः पठेत् ।

अरोगी बलवान् श्रीमान् पुत्रवान् स भवेन्नरः ॥४

जीवेद्वर्षशतं मर्त्यः पापं नश्यति नश्यति ।

यः पूजयेद्गुरुदिने पीतगन्धाक्षताम्बरैः ॥ ५

पुष्पदीपोपहारैश्च पूजयित्वा बृहस्पतिम् ।

ब्राह्मणान् भोजयित्वा च पीडाशान्तिर्भवेद्गुरोः ॥ ६

॥ इति श्रीस्कन्दपुराणे बृहस्पतिस्तोत्रं सम्पूर्णम् ॥

६ शुक्रस्तोत्रम्

शुक्रः काव्यः शुक्ररेता शुक्लाम्बरधरः सुधीः ।

हिमाभः कुन्तधवलः शुभ्रांशुः शुक्लभूषणः ॥ १

नीतिज्ञो नीतिकृन्नीतिमार्गगामी ग्रहाधिपः ।

उशना वेदवेदाङ्गपारगः कविरात्मवित् ॥ २

भार्गवः करुणाः सिन्धुर्ज्ञानगम्यः सुतप्रदः ।

शुक्रस्यैतानि नामानि शुक्रं स्मृत्वा तु यः पठेत् ॥३

आयुर्धनं सुखं पुत्रं लक्ष्मींवसतिमुत्तमाम् ।

विद्यां चैव स्वयं तस्मै शुक्रस्तुष्टो ददाति च ॥ ४

॥ इति श्रीस्कन्दपुराणे शुक्रस्तोत्रं सम्पूर्णम् ॥

७ शनिस्तोत्रम्

कोणोऽन्तकोरौद्रयमोऽथ बभ्रुः कृष्णः शनिः पिंगलमन्दसौरिः ।

नित्यं स्मृतो यो हरते च पीडां तस्मै नमः श्रीरविनन्दनाय ॥१

सुरासुराः किंपुरुषोरगेन्द्रा गन्धर्वविद्याधरपन्नगाश्च ।

पीड्यन्ति सर्वे विषमस्थितेन तस्मै नमः श्रीरविनन्दनाय ॥२

नरा नरेन्द्राः पशवो मृगेन्द्रा वन्याश्च ये कीटपतंगभृङ्गाः ।
पीड्यन्ति सर्वे विषमस्थितेन तस्मै नमः श्रीरविनन्दनाय ॥३

देशाश्च दुर्गाणि वनानि यत्र सेनानिवेशाः पुरपत्तनानि ।
पीड्यन्ति सर्वे विषमस्थितेन तस्मै नमः श्रीरविनन्दनाय ॥४

तिलैर्यवैर्माषगुडान्नदानैर्लोहेन नीलाम्बरदानतो वा ।
प्रीणाति मन्त्रैर्निजवासरे च तस्मै नमः श्रीरविनन्दनाय ॥५

प्रयागकूले यमुनातटे च सरस्वतीपुण्यजले गुहायाम् ।
यो योगिनां ध्यानगतोऽपि सूक्ष्मस्तस्मै नमः श्रीरविनन्दनाय ॥६

अन्यप्रदेशात्स्वगृहं प्रविष्टस्तदीयवारे स नरः सुखी स्यात् ।
गृहाद् गतो यो न पुनः प्रयाति तस्मै नमः श्रीरविनन्दनाय ॥७

स्त्रष्टा स्वयंभूर्भुवनत्रयस्य त्राता हरीशो हरते पिनाकी ।
एकस्त्रिधा ऋग्यजुःसाममूर्तिस्तस्मै नमः श्रीरविनन्दनाय ॥८

शन्यष्टकं यः प्रयतः प्रभाते नित्यं सुपुत्रैः पशुबान्धवैश्च ।
पठेत्तु सौख्यं भुवि भोगयुक्तः प्राप्नोति निर्वाणपदं तदन्ते ॥९

कोणस्थः पिङ्गलो बभ्रुः कृष्णो रौद्रोऽन्तको यमः ।
सौरिः शनैश्चरो मन्दः पिप्पलादेन संस्तुतः ॥१०

एतानि दश नामानि प्रातरुत्थाय यः पठेत् ।
शनैश्चरकृता पीडा न कदाचिद्भविष्यति ॥११

॥ इति श्रीब्रह्माण्डपुराणे श्रीशनैश्चरस्तोत्रं सम्पूर्णम् ॥

८ राहुस्तोत्रम्

राहुर्दानवमंत्री च सिंहिकाचित्तनन्दनः ।
अर्धकायः सदाक्रोधी चन्द्रादित्यविमर्दनः ॥ १

रौद्रो रुद्रप्रियो दैत्यः स्वर्भानुर्भानुमीतिदः ।
ग्रहराजः सुधापायी राकातिथ्यभिलाषुकः ॥ २

कालदृष्टिः कालरुपः श्रीकण्ठहृदयाश्रयः ।
विधुंतुदः सैंहिकेयो घोररुपो महाबलः ॥ ३
ग्रहपीडाकरो द्रष्टी रक्तनेत्रो महोदरः ।
पञ्चविंशति नामानि स्मृत्वा राहुं सदा नरः ॥ ४
यः पठेन्महती पीडा तस्य नश्यति केवलम् ।
विरोग्यं पुत्रमतुलां श्रियं धान्यं पशुंस्तथा ॥ ५
ददाति राहुस्तस्मै यः पठते स्तोत्रमुत्तमम् ।
सततं पठते यस्तु जीवेद्वर्षशतं नरः ॥ ६
॥ इति श्रीस्कन्दपुराणे राहुस्तोत्रं संपूर्णम् ॥

९ केतुस्तोत्रम्

केतुःकालःकलयिता धूम्रकेतुर्विवर्णकः ।
लोककेतुर्महाकेतुः सर्वकेतुर्भयप्रदः ॥ १
रौद्रो रुद्रप्रियो रुद्रः क्रूरकर्मा सुगन्धधृक् ।
पलाशधूमसंकाशश्चित्रयज्ञोपवीतधृक् ॥ २
तारागणविमर्दी च जैमिनेयो ग्रहाधिपः ।
गणेशदेवो विघ्नेशो विषरोगार्तिनाशनः ॥ ३
प्रव्रज्यादो ज्ञानदश्च तीर्थयात्राप्रवर्तकः ।
पञ्चविंशतिनामानि केतोर्यः सततं पठेत् ॥ ४
तस्य नश्यति बाधा च सर्वकेतुप्रसादतः ।
धनधान्यपशूनां च भवेद् वृद्धिर्न संशयः ॥ ५
॥ इति श्रीस्कन्दपुराणे केतोः पञ्चविंशतिनामस्तोत्रं संपूर्णम् ॥

ग्रह रत्न एवं धातु व किस अंगुली में पहने तथा आराध्य वृक्ष

ग्रह	रत्न	प्रतिमा	Finger to wear	रत्न धातु	आराध्य वृक्ष
1 सूर्य	माणिक ruby		अनामिका right hand	सुवर्ण	अर्क (रुई)
2 चंद्र	मोती pearl		कनिष्ठिका any hand	चांदी	पलाश
3 मंगल	लाल मूंगा /प्रवाल red coral		अनामिका right hand	पंचधातु / तांबा	खैर
4 बुध	पन्ना emerald		कनिष्ठिका / अनामिका anyhand	सुवर्ण	अपामार्ग
5 गुरु	पुखराज topaz		तर्जनि right hand	सुवर्ण	पीपल
6 शुक्र	हीरा diamond		अनामिका right hand	सुवर्ण / प्लेटिनम	गूलर
7 शनि	नीलम sapphire		मध्यमा right hand	त्रिलोह/ पंचधातु	शमी
8 राहु	गोमेद hessonite		कनिष्ठिका any hand	त्रिलोह/ पंचधातु	दुर्वा
9 केतु	लहसुनिया / वैडुर्य cat's eye	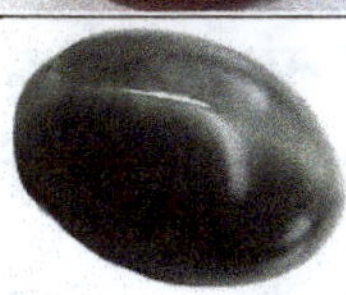	कनिष्ठिका any hand	पंचधातु	कुश

ग्रह नामावलि

1 सूर्य नामावलि

ह्रीँ आदित्याय नमः।
ह्रीँ दिवाकराय नमः।
ह्रीँ भास्कराय नमः।
ह्रीँ प्रभाकराय नमः।
ह्रीँ सहस्रांशवे नमः।
ह्रीँ त्रैलोचनाय नमः।
ह्रीँ हरिद्श्वाय नमः।
ह्रीँ विभावसवे नमः।
ह्रीँ दिनकराय नमः।
ह्रीँ द्वादशात्मकाय नमः।
ह्रीँ त्रिमूर्तये नमः।
ह्रीँ सूर्याय नमः।

2 चंद्र नामावलि

ह्रीँ सुधाकराय नमः।
ह्रीँ सोमाय नमः।
ह्रीँ ग्लवे नमः।
ह्रीँ अब्जाय नमः।
ह्रीँ कुमुदप्रियाय नमः।
ह्रीँ लोकप्रियाय नमः।
ह्रीँ शुभ्रभानवे नमः।
ह्रीँ चंद्राय नमः।
ह्रीँ रोहिणीपतये नमः।
ह्रीँ शशवे नमः।
ह्रीँ हिमकराय नमः।
ह्रीँ राजाय नमः।
ह्रीँ द्विजराजाय नमः।
ह्रीँ निशाकराय नमः।
ह्रीँ अत्रेय नमः।
ह्रीँ इंदवे नमः।
ह्रीँ शीतांषवे नमः।
ह्रीँ औषधेशाय नमः।
ह्रीँ कलानिधये नमः।
ह्रीँ जैवातृकाय नमः।
ह्रीँ रमाभ्राताय नमः।
ह्रीँ क्षिरोदार्णवे नमः।
ह्रीँ संभवाय नमः।
ह्रीँ नक्षत्रनायकाय नमः।
ह्रीँ चूडामणये नमः।
ह्रीँ विभवे नमः।
ह्रीँ तापहर्ताय नमः।
ह्रीँ नवदीपाय नमः।

3 मंगल नामावलि

ह्रीँ मंगलाय नमः।
ह्रीँ भूमिपुत्राय नमः।
ह्रीँ ऋणहर्त्रे नमः।
ह्रीँ धनप्रदाय नमः।
ह्रीँ स्थिरासनाय नमः।
ह्रीँ महाकायाय नमः।
ह्रीँ सर्वकार्यविरोधकाय नमः
ह्रीँ लोहिताय नमः।
ह्रीँ लोहिताक्षाय नमः।
ह्रीँ सामगानांकृपाकरायनमः
ह्रीँ धरात्मजाय नमः।
ह्रीँ कुजाय नमः।
ह्रीँ रक्ताय नमः।
ह्रीँ भूतिदाय नमः।
ह्रीँ भूमिनन्दनाय नमः।
ह्रीँ अंगारकाय नमः।
ह्रीँ यमाय नमः।
ह्रीँ सर्वरोगापहारकाय नमः
ह्रीँ वृष्टिकर्त्रे नमः।
ह्रीँ प्रहर्त्रे नमः।
ह्रीँ सर्वकामफलप्रदाय नमः

4 बुध नामावलि

ह्रीँ बुधाय नमः।	ह्रीँ बुद्धिमते नमः।	ह्रीँ श्रेष्ठाय नमः।
ह्रीँ बुद्धिदाताय नमः।	ह्रीँ धनप्रदाय नमः।	ह्रीँ प्रियङ्गवे नमः।
ह्रीँ श्यामाय नमः।	ह्रीँ कञ्जनेत्राय नमः।	ह्रीँ मनोहराय नमः।
ह्रीँ रोहिणेयाय नमः।	ह्रीँ नक्षत्रेशाय नमः।	ह्रीँ दयाकराय नमः।
ह्रीँ विरुद्धकार्यहंत्रे नमः।	ह्रीँ सौम्याय नमः।	ह्रीँ बुद्धिविवर्धनाय नमः।
ह्रीँ चंद्रात्मजाय नमः।	ह्रीँ विष्णुरूपाय नमः।	ह्रीँ ज्ञानिनांपतये नमः।
ह्रीँ ज्ञानिनायकाय नमः।	ह्रीँ ग्रहपीडाहराय नमः	ह्रीँ दारवे नमः।
ह्रीँ पशुपुत्रधान्यप्रदाय नमः।	ह्रीँ लोकप्रियाय नमः।	ह्रीँ गुणदात्रे नमः।
ह्रीँ गुणिवत्सलाय नमः।		

5 गुरु नामावलि

ह्रीँ गुरवे नमः।	ह्रीँ बृहस्पतये नमः।	ह्रीँ जीवाय नमः।
ह्रीँ सुराचार्याय नमः।	ह्रीँ विदाम्वराय नमः।	ह्रीँ वागीशाय नमः।
ह्रीँ धिषणवे नमः।	ह्रीँ दीर्घश्मश्रवे नमः।	ह्रीँ पीताम्बराय नमः।
ह्रीँ युवाय नमः।	ह्रीँ सुधाय नमः।	ह्रीँ ग्रहाधीशाय नमः।
ह्रीँ ग्रहपीडाहराय नमः।	ह्रीँ दयाकराय नमः।	ह्रीँ सौम्यमूर्तये नमः।
ह्रीँ सुरार्चये नमः।	ह्रीँ कुंकुमद्यतये नमः।	ह्रीँ लोकपूज्याय नमः।
ह्रीँ लोकगुरवे नमः।	ह्रीँ नीतिज्ञाय नमः।	ह्रीँ नीतिकारकाय नमः।
ह्रीँ तारापतये नमः।	ह्रीँ अंगिरसाय नमः।	ह्रीँ वेदाय नमः।
ह्रीँ वैद्याय नमः।	ह्रीँ पितामहाय नमः।	

6 शुक्र नामावलि

हीँ शुक्राय नमः।
हीँ शुक्लाम्बराय नमः।
हीँ कुंदाय नमः।
हीँ शुक्लभूषणाय नमः।
हीँ अनीतिकर्त्रे नमः।
हीँ उशनाय नमः।
हीँ पारगाय नमः।
हीँ भार्गवाय नमः।
हीँ सुखप्रदाय नमः।
हीँ काव्याय नमः।
हीँ सुधीधराय नमः।
हीँ धवलाय नमः।
हीँ नीतिज्ञाय नमः।
हीँ मार्गगामिने नमः।
हीँ वेदाय नमः।
हीँ कविने नमः।
हीँ करुणासिंधुपतये नमः
हीँ शुक्ररेतसे नमः।
हीँ हिमाम्भाय नमः।
हीँ शुभ्रांशवे नमः।
हीँ नीतिकारकाय नमः।
हीँ ग्रहाधिपाय नमः।
हीँ वेदांगाय नमः।
हीँ आत्मविते नमः।
हीँ ज्ञानगम्याय नमः।

7 शनि नामावलि

हीँ कोणसंस्थाय नमः।
हीँ कृष्णाय नमः।
हीँ यमाय नमः।
हीँ शनैश्चराय नमः।
हीँ पिंगलाय नमः।
हीँ रौद्रदेहाय नमः।
हीँ सौरये नमः।
हीँ बभ्रुरूपाय नमः।
हीँ अंतकाय नमः।
हीँ मन्दाय नमः।

8 राहु नामावलि

हीं राहवे नमः।
हीं अर्धकायाय नमः।
हीं रौद्राय नमः।
हीं स्वरभानवे नमः।
हीं सुधापतये नमः।
हीं कालरूपाय नमः।
हीं सैहिंकाय नमः।
हीं ग्रहपीडाकराय नमः
हीं महोदराय नमः।
हीं दानवमंत्रये नमः।
हीं सदाक्रोधीने नमः।
हीं रुद्रप्रियाय नमः।
हीं भानुभीतिदाय नमः।
हीं राकादित्य अभिलाषकायनमः
हीं श्रीकंठहृदयाश्रयाय नमः
हीं घोररूपाय नमः।
हीं द्रंष्ट्रवे नमः।
हीं सिंहिकानंदाय नमः।
हीं चंद्रादित्यविमर्दनायनमः
हीं दैत्याय नमः।
हीं ग्रहराजाय नमः।
हीं कालदृष्ट्रे नमः।
हीं विद्युंतुदये नमः।
हीं महाबलाय नमः।
हीं रक्तनेत्राय नमः।

9 केतु नामावलि

ह्रीँ केतवे नमः।
ह्रीँ धुम्रकेतवे नमः।
ह्रीँ महाकेतवे नमः।
ह्रीँ रौद्राय नमः।
ह्रीँ क्रुराय नमः।
ह्रीँ धारिणे नमः।
ह्रीँ संकाशाय नमः।
ह्रीँ तारागणाय नमः।
ह्रीँ ग्रहदीपाय नमः।
ह्रीँ कालाय नमः।
ह्रीँ विवरणकाय नमः।
ह्रीँ सर्वकेतवे नमः।
ह्रीँ रुद्रप्रियाय नमः।
ह्रीँ कर्माय नमः।
ह्रीँ पलाशाय नमः।
ह्रीँ चित्राय नमः।
ह्रीँ विमर्दनाय नमः।
ह्रीँ कलयिताय नमः।
ह्रीँ लोककेतवे नमः।
ह्रीँ भयप्रदाय नमः।
ह्रीँ रुद्राय नमः।
ह्रीँ सुगंधिने नमः।
ह्रीँ धूमाय नमः।
ह्रीँ यज्ञोपवीतधारिणे नमः।
ह्रीँ जैमिनेयाय नमः।

ग्रह यंत्र कोष्ठक

1 सूर्य

॥ श्री सूर्य यन्त्रम् ॥

६	१	८
७	५	३
२	९	४

2 चंद्र

॥ श्री चंद्र यन्त्रम् ॥

७	२	९
८	६	४
३	१०	५

3 मंगल

॥ श्री मंगल यन्त्रम् ॥

८	३	१०
९	७	५
४	११	६

4 बुध

॥ श्री बुध यन्त्रम् ॥

९	४	११
१०	८	६
५	१२	७

5 गुरु

॥ श्री बृहस्पति यन्त्रम् ॥

१०	५	१२
११	९	७
६	१३	८

6 शुक्र

॥ श्री शुक्र यन्त्रम् ॥

११	६	१३
१२	१०	८
७	१४	९

7 शनि

॥ श्री शनि यन्त्रम् ॥

१२	७	१४
१३	११	९
८	१५	१०

8 राहु

॥ श्री राहु यन्त्रम् ॥

१३	८	१५
१४	१२	१०
९	१६	११

9 केतु

॥ श्री केतु यन्त्रम् ॥

१४	९	१६
१५	१३	११
१०	१७	१२

राशी मंत्र एवं राशी वृक्ष

राशी	राशी मंत्र	वृक्ष
1 मेश	ॐ ह्रीं श्रीं लक्ष्मी नारायणाभ्यां नमः ।	आंवला
2 वृषभ	ॐ गोपालाय उत्तरध्वजाय नमः ।	जामुन
3 मिथुन	ॐ क्लीं कृष्णाय नमः ।	कटहल
4 कर्क	ॐ हिरण्यगर्भाय अव्यक्तरुपिणे नमः ।	नागकेसर
5 सिंह	ॐ क्लीं ब्रह्मणे जगदाधाराय नमः ।	अशोक
6 कन्या	ॐ नमो पीं पीताम्बराय नमः ।	बेल पत्र
7 तुला	ॐ तत्वनिरञ्जनाय नमः ।	मौलसरि
8 वृश्चिक	ॐ नारायणाय सुरसिंघाय नमः ।	बरगद
9 धनु	ॐ श्रीं देवकृष्णाय उर्ध्वदन्ताय नमः ।	पीपल
10 मकर	ॐ श्रीं वत्सलाय नमः ।	शमी
11 कुम्भ	ॐ श्रीं उपेन्द्राय अच्युताय नमः ।	खैर
12 मीन	ॐ आं क्लीं उध्दृताय नमः ।	नीम

नक्षत्र आराध्य देव वृक्ष Images

क्रम	नक्षत्र	वृक्ष	Botanical name	प्रतिमा
1	अश्विनी	जहर कुचला	strychnos nux-vomica	
2	भरणी	आंवला	phyllanthus emblica, (embelica officinalis)	
3	कृत्तिका	गूलर	ficus racemosa	
4	रोहिणी	जामुन, जंबूक	syzygium cuminii, (Eugenia Malaccensis)	
5	मृगशिरा	खेर , खदिर	senegalia catechu, (senegalia Polycantha)	
6	आर्द्रा	कृष्णगरु	pterocarpus santalinus	

7	पुनर्वसु	बांस	bambusa vulgaris, (bambusa arundinacea)	
8	पुष्य	पीपल	ficus religiora	
9	आश्लेषा	नागचम्पा	plumeria pudica	
10	मघा	बरगद , बड़	ficus benghalensis linn	
11	पूर्वा फा॰	पलाश	butea monosperma, (butea frondosa)	
12	उ॰ फा॰	पायरी	ficus lacor	
13	हस्त	जूही	jasminum auriculatum	

14	चित्रा	बेल	aegle marmelos	
15	स्वाति	अर्जुन	terminalia arjuna	
16	विशाखा	कण्टाई / विकंकत	flacourtia indica	
17	अनुराधा	बकुल	mimusops elengi	
18	ज्येष्ठा	सांबर	bombax ceiba	
19	मूल	राल	shorea robusta gaertn	
20	पूर्वाषाढा	वेंत	calamus pseudotenuis	
21	उत्तराषाढा	कटहल	artocarpus heterophyllus	

22	श्रवण	रुई	calotropis gigantea	
23	धनिष्ठा	शमी	prosopis cineraria	
24	शतभिषा	कदंब	neolamarckia cadamba (anthocephalus cadamba)	
25	पूर्वा भा०	आम	mangifera indica	
26	उत्तरा भा०	नीम	azadirachta indica	
27	रेवती	मोहा, महुआ	madhuca longifolia (bassia longifolia)	

पुण्य कमाने के पांच द्वार

1. गाय को घास खिलाने से नवग्रह पीडा दूर होती है।
2. पक्षी को दाना दालने से काम-धंदा बढिया चलता है।
3. कुत्ते को रोटी खिलाने से दुश्मनो का नाश होता है।
4. चींटियों को चीनी डालने से ऋण मुक्त होते हैं।
5. मछली को आटे की गोली डालने से गयी हुई समृद्धि लौट आती है।

संदर्भ

Dhanvantari Mantra Chanting
https://www.youtube.com/watch?v=rsb7cU93Ccs

Navagraha Mantra Chanting
https://www.youtube.com/watch?v=g6zHBogmPnA

स्वयं नक्षत्र वन की स्थापना
1 Place - Dhundalwadi Village, Maharashtra

https://en.wikipedia.org/wiki/Dhundalwadi Year – 2022 March to 2023 April. Guided and Assisted by Dr Mahesh Mehta.

2. Place - Sunview Residency, Ludhiana – Year 2025 March. Assisted by Jagjit Singh ji.

भरतवाक्य

ॐ स्वस्तिः प्रजाभ्यः परिपालयन्ताम् । न्यायेन मार्गेण महीं महीशाः । गो ब्राह्मणेभ्यः शुभमस्तु नित्यम् । लोकाः समस्ताः सुखिनो भवन्तु ॥ काले वर्षतु पर्जन्यः पृथिवी सस्यशालिनी । देशोऽयं क्षोभरहितः ब्राह्मणाः सन्तु निर्भयाः ॥

सर्वे भवन्तु सुखिनः । सर्वे सन्तु निरामयाः ।
सर्वे भद्राणि पश्यन्तु । मा कश्चिद् दुःखभाग् भवेत् ॥

असतो मा सद् गमय ।
तमसो मा ज्योतिर् गमय ।
मृत्योर् मा अमृतं गमय ॥

ॐ पूर्णमदः पूर्णमिदं पूर्णात् पूर्णमुदच्यते ।
पूर्णस्य पूर्णमादाय पूर्णमेवावशिष्यते ॥
॥ ॐ शान्तिः शान्तिः शान्तिः ॥

When faith has blossomed in life,
Every step is led by the Divine.

Sri Sri Ravi Shankar

Om Namah Shivaya

जय गुरुदेव

www.ingramcontent.com/pod-product-compliance
Lightning Source LLC
LaVergne TN
LVHW010842051026
849532LV00007B/2792